Catrin Welz-Stein
Lynn Araujo

Mystisches Tarot

Inhalt

KÖNIGSFURT-URANIA

Die in diesem Booklet enthaltenen Informationen und Ratschläge wurden von der Autorin sorgfältig recherchiert und geprüft. Eine Garantie kann dennoch nicht übernommen werden. Die Informationen und Ratschläge sind außerdem nicht dazu gedacht, die Beratung durch einen Arzt oder Therapeuten zu ersetzen, sofern eine solche angezeigt ist. Eine Haftung der Autorin oder des Verlags ist ausgeschlossen.

Bibliographische Information der Deutschen Nationalbibliothek
Die Deutsche Nationalbibliothek verzeichnet diese Publikation in der Deutschen Nationalbibliographie; detaillierte bibliographische Daten sind im Internet über http://dnb.d-nb.de abrufbar.

Projektleitung: Martina Weihe-Reckewitz
Satz und Layout: Jessica Quistorff
Printed in China

ISBN 978-3-86826-558-3

EINLEITUNG

Ich war sehr begeistert, als ich 2016 mit diesem Projekt begann, da die Gestaltung eines Tarot-Decks ein lang gehegter Traum von mir war. Seit meiner Kindheit war ich von diesen Karten fasziniert, vor allem von der geheimnisvollen Atmosphäre, die sie umgibt. Meine Großmutter pflegte kurz nach dem Zweiten Weltkrieg die Karten für Kunden im Austausch für Nahrungsmittel zu legen, doch leider hat sie mir nie die Karten gelegt, als sie älter wurde. Obwohl ich mich nie ernsthaft mit dem Tarot beschäftigt hatte, habe ich meine Neugierde dafür immer bewahrt.

Doch bald nachdem U.S. Games Systems mich gebeten hatte, ein ganzes Tarot-Deck selbst zu entwerfen, wurde mir klar, was für ein riesiges Projekt ich mir vorgenommen hatte. Um jede Karte zu illustrieren und ihr ganzes Wesen bildlich darzustellen, muss man die Bedeutung in ihrer ganzen Komplexität verstehen. Daher musste ich mich zunächst intensiv mit dem Tarot beschäftigen und mich mit den einzelnen Bedeutungen vertraut machen.

Normalerweise arbeite ich ausgesprochen intuitiv und lasse meine Collagen entstehen, während ich sie gestalte. Bei den Tarotkarten musste ich in umgekehrter Weise arbeiten. Jede Karte hatte bereits ihre zugeordnete Bedeutung, und ich musste die Geschichte finden, um sie kreativ darzustellen. Das

Waite Tarot-Deck hatte einen großen Einfluss und wurde meine grundlegende Anleitung, als ich das Mystische Tarot kreierte. Ich habe dieses klassische Kartendeck als Inspiration benutzt, habe aber versucht, meine eigenen persönlichen Geschichten und Interpretationen für die Karten zu entwickeln. In den Kleinen Arkana tauchen die Stäbe, Kelche, Schwerter und Scheiben nicht wirklich in den Karten auf; sie werden durch entsprechende Objekte in der jeweiligen Szene symbolisiert. Entsprechend der Nummer der Karten der Kleinen Arkana erscheinen die Symbole.

Die meisten der Karten, die ich ursprünglich für dieses Kartenspiel entworfen habe, stellten die Tarot-Szene aus weiblicher Sicht dar. Da das Tarot jedoch eine umfassendere Perspektive widerspiegeln sollte, fügte ich noch traditionell männliche Figuren hinzu: Für den Herrscher und die vier Königskarten habe ich je zwei Versionen erstellt, eine weibliche und eine männliche, und habe diese 5 Karten als Bonuskarten aufgenommen. Die Nutzer können sich aussuchen, welche Version sie in ihre Tarot-Befragungen aufnehmen möchten.

In vielen Fällen habe ich mehrere Bilder für jede Karte erstellt, bevor ich mich für endgültige entschieden habe. Ich musste oft zu meinen Kunstwerken zurückkehren, um zu sehen, ob die Bedeutung und die Bilder immer noch in mir nachklangen oder ob ich

Änderungen vornehmen sollte. Während dieser Zeit voller emotionaler Höhen und Tiefen zweifelte ich manchmal daran, dass ich jemals alle Karten fertigstellen würde. Ich fühlte mich oft wie der Narr, dessen Weg es ist, das Kartenspiel zu vervollständigen, während er all die emotionalen Erfahrungen und Herausforderungen zu bewältigen hat. Ich möchte mich für die Geduld und Unterstützung meiner Familie und die Hilfe von U.S. Games Systems bedanken. Mein besonderer Dank gilt Jennifer Kaplan, Lynn Araujo und Jody Boginski Barbessi. Ihretwegen begann das Tarot für mich endlich Wirklichkeit wurde. Am Ende bin ich vielleicht nicht viel weiser, aber ich bin sehr dankbar und stolz, mein ganz eigenes Mystisches Tarot vollendet zu haben.

DIE GROSSEN ARKANA

0. NARR

Wir sehen eine anmutige Frau, die durch einen üppig blühenden Paradiesgarten schreitet. Auf ihrer rechten Hand sitzt ein kleiner Vogel – Symbol für unsere Freiheit, jenen Weg zu wählen, der uns dorthin führt, wohin das Herz uns trägt. In der linken Hand hält unsere junge Närrin eine gelbe Blume, die für Lebensfreude steht. Doch wenn wir genau hinsehen, erkennen wir, dass der Weg, den sie so sorglos beschreitet, in Wahrheit der Schwanz eines riesigen Krokodils ist, das versteckt im Schatten des Gartens lauert. Der Schweif des Reptils ist geformt wie die Kundalini-Schlange – jener Urenergie des Universums, die tief verborgen in uns allen schlummert und darauf wartet, geweckt zu werden. Und so lädt uns diese erste Karte des Tarots ein, uns unverzagt auf eine Heldenreise zu begeben, auf der wir uns selbst kennenlernen und entdecken können, was uns wirklich ausmacht. Wie die Närrin, die zwar ahnt, dass sie auf ihrer Wanderung einige Überraschungen erwarten, sollten auch wir bereit sein, Risiken einzugehen und Konventionen über Bord werfen, um das Leben in all seiner Schönheit, mit all seinen Abenteuern auszukosten. Es ist an der Zeit, Altes hinter uns zu lassen.

Aufrechte Bedeutung: Spontaneität, Lebensfreude, Abenteuerlust, Naivität, neue Horizonte, Potential.
Umgekehrte Bedeutung: Angst vor dem Unbekannten, übervorsichtig, Blauäugigkeit, Leichtfertigkeit.

I. MAGIER

Die Karte des Magiers ist eine sehr kraftvolle Karte, steht sie doch für kreative Energien, Phantasie und Macht. Und so zieht sie uns schon beim Betrachten geradezu magisch in ihren Bann: Auf der Handfläche einer jungen Frau liegt ein sehr ungewöhnlicher Hut mit einem Fenster. Fast scheint es, als schwebe er über einer sehr ordentlich angelegten Landschaft, die die Normalität symbolisiert. Doch damit nicht genug, ist dieser Hut auch das Heim unserer Magierin. Hier, in dieser mystischen Umgebung mit wunderschönen Pflanzen und Tieren, kann sie sich in ihren Künsten üben, ihre Talente verfeinern. Ihre Fähigkeiten manifestieren sich in den vier Elementen, die durch den Zauberstab (Feuer), den Schwan (Wasser), die Pflanzen (Erde) und den Schmetterling (Luft) dargestellt werden. Und all dieser Elemente bedient sie sich, nutzt ihr schöpferisches Potential und erschafft sich so ihre eigene faszinierende Welt. Eine Welt, in der die Magierin frei von einengenden Konventionen tun kann, was sie liebt. Die Karte steht für die Zauberin, die in uns allen steckt. Wahre Magie, die „Möglichkeit des Unmöglichen", besteht darin, mit dem Kosmos und der Welt eins zu sein. Bist du offen, warten jetzt einzigartige Wunder auf dich. Du kannst deinem Leben eine neue Bedeutung verleihen – dir die Realität deiner Wünsche erschaffen.

Aufrechte Bedeutung: Verwirklichung, kanalisierte Kraft, inspirierte Kreativität, Vertrauen.
Umgekehrte Bedeutung: Fehlende notwendige Fähigkeiten, Manipulation, unvorsichtige Planung, fehlgeleiteter Gebrauch von Macht.

II. HOHEPRIESTERIN

Ernst, würdig und geheimnisvoll steht die Hohepriesterin zwischen zwei roten Samtvorhängen. Wird sie uns den Einblick in fremde Welten gewähren? Über ihr ein faszinierender Nachthimmel, der auch ein wenig durch den linken Vorhang der Erkenntnis durchschimmert. Ihr Rock reicht bis in das Meer der Weisheit, mit dem sie auf magische Weise verschmolzen ist. Ein Schiff sucht seinen Weg – wird die Wächterin des Unbewussten ihm den rechten Kurs weisen? Schließlich weiß sie um das Geheimnis des Zugangs zu den Quellen der heiligen Weisheit, jenem Ort des verborgenen Wissens. Und sie fordert uns auf, in uns zu gehen, auf die Stimme unseres Herzens zu hören und unserer Intuition zu vertrauen. Denn so teilt sie sich uns mit, die Vermittlerin der geistigen Welt. Die Hohepriesterin trägt die blaue Muschel – das Schutzsymbol der Pilger – auf ihrem Hals-Chakra und signalisiert damit die Bereitschaft, sich uns mitzuteilen. Mehr noch: Sie, die Eingeweihte und Vermittlerin zwischen den Welten, wird uns dabei unterstützen, wenn wir mutig unsere Schatten erkunden, um auf der wichtigsten Reise unseres Lebens uns selbst zu erkennen und zu verstehen.

Aufrechte Bedeutung: Heilige Weisheit, Potenzial, Intuition, unbewusstes Wissen, Bewusstsein.
Umgekehrte Bedeutung: Verborgene Geheimnisse, verleugnetes Potenzial, übermäßig rational.

III. HERRSCHERIN

Die Herrscherin ist das Symbol des blühenden Seins, die archetypische Mutter Erde. Pure Weiblichkeit. Eine Venus, die auf einer Blumenwiese steht, tief verbunden mit der Natur. Und sie selbst ist die Hüterin des Lebens: Ihr Kleid besteht aus wunderschönen Blumen. Auf ihrem Lilienrock sehen wir die Staubblätter und die Pollen, Symbole für Sexualität und Fruchtbarkeit. Die schwangere Herrscherin wiegt ihr ungeborenes Kind zärtlich unter ihrer Robe. Sie hält eine Krone in der Hand, die sie als Geste schützender Liebe auf das Haupt des Kindes setzen wird. Diese Karte fordert uns auf, uns mit unseren Erfahrungen und Vorstellungen von Weiblichkeit auseinander zu setzen. Uns für neue Erfahrungen und Erkenntnisse zu öffnen und unserer schöpferischen Kraft Ausdruck zu verleihen. Die Qualitäten der Herrscherin sind bedingungslose Liebe und Hingabe. Aber auch Mütterlichkeit und Unabhängigkeit. Ihre Botschaft: Nimm dich an, so wie du bist.

Aufrechte Bedeutung: Mütterliche Instinkte, Verbindung mit der Natur, Überfluss, Fruchtbarkeit, Erdmutter.
Umgekehrte Bedeutung: Trennung, materialistisch, steril, erdrückende Tendenzen.

IV. HERRSCHER

Er wirkt ernst, ist sich seiner Macht und seiner Verantwortung voll bewusst. Versonnen blickt der Herrscher über sein riesiges Reich. Sein Haupt wird durch eine gigantische Burg gekrönt, die seine Intelligenz repräsentiert. Ein sichtbares Indiz dafür, dass er weiß, was er tut. Sein Bart, bestehend aus kräftig sprießenden Ästen, symbolisiert männliche Vitalität, Stärke und Potenz. Sie signalisieren, dass alle Worte dieses Mannes mit Bedacht und klug gewählt sind. Seine traditionelle Uniform, die an alte Machthaber erinnert, unterstreicht seine Autorität, ist sie doch geschmückt mit goldenen Medaillenketten. Zweifellos ist der Herrscher ein strenger, disziplinierter Führer, doch er ist nicht ohne Mitgefühl, wie die üppigen Blumen auf seiner Brust symbolisieren. Der Herrscher steht für die Kraft in uns allen, für Dynamik, Stärke, Durchsetzungsvermögen. Wir sind verantwortlich für unser Tun, haben die Freiheit, uns selber zu organisieren und zu regieren. Überprüfe dein Bild von Männlichkeit. Hüte und schütze dich vor Egoismus, aber auch vor Selbstlosigkeit. Sich selbst zu regieren, heißt, sich selbst zu entdecken. Wage und genieße es, selbständig, ohne Vorbild, und in eigenem Auftrag zu handeln. Trau dich!

Aufrechte Bedeutung: Autorität, Führung, Erfahrung, Vertrauen, Struktur.
Umgekehrte Bedeutung: Unordnung, herrschsüchtige Natur, übertriebene Strenge.

IV. WEIBLICHER HERRSCHER

Diese Version des Herrschers wird durch eine beeindruckende Frau dargestellt, die im Innenhof eines feudalen Palastes agiert. Der Burgaufbau repräsentiert ihren legitimen Herrschaftsanspruch – und durch ihre eigene Körpergröße, die das Gebäude überragt, demonstriert sie das wahre Ausmaß ihrer Macht. Die goldene Krone auf ihrem Kopf und die traditionelle Kleidung, die sie trägt, zeugen von ihrer Autorität und ihrem starken Willen. Lange Zöpfe symbolisieren ihre große Erfahrung, Intelligenz und ihre natürliche Kraft. Dieser weibliche Herrscher hält dünne Seile, die mit den Menschen am Boden verbunden sind. Das Volk ist verhältnismäßig klein und erscheint wie machtlose Marionetten, die von ihm manipuliert und kontrolliert werden können – und doch ist er es, der seine schützenden Hände über seine Untertanen hält. Diese Karte signalisiert uns: Es ist an der Zeit, aktiv zu werden und endlich all die Dinge in Angriff zu nehmen, die wir uns schon lange vorgenommen haben. Geh mutig voran, freu dich darauf, deine Grenzen zu überschreiten und Neues zu entdecken. Und vergiss nie: Du hast die Macht, besitzt die Hoheit über deine Grenzen – darum erlaube niemandem, ungebeten in dein Territorium einzudringen. Wie ein Herrscher zu handeln bedeutet, nach den eigenen Spielregeln zu leben und entschlossen Grenzen zu setzen und dem eigenen Weg zu folgen – und dies alles, ohne andere zu verletzen.

Aufrechte Bedeutung: Autorität, Führung, Erfahrung, Vertrauen, Struktur.
Umgekehrte Bedeutung: Unordnung, herrschsüchtige Natur, übertriebene Strenge.

V. HIEROPHANT

Hoch oben auf einem Baum sitzt eine große Eule, die den Hierophanten verkörpert, und liest einem kleinen Mädchen aus einem Buch vor. Während der Ast des weisen Geschöpfes stark ist, ein Hinweis auf das profunde Wissen der Lehrmeisterin, ist jener der aufmerksamen Zuhörerin noch zart und biegsam, aber dennoch stabil. Die gelehrige Schülerin nimmt die Unterweisungen an, ist offen für Neues. Der alte Baum repräsentiert Traditionen, die über Jahrhunderte gewachsen sind. Diese Karte ist als Aufforderung zu verstehen, dich intensiv mit spirituellen Fragen auseinanderzusetzen. Was einst die Aufgabe der Priester war, beschäftigt inzwischen uns alle: Wie finden wir persönliche Antworten auf die großen und kleinen Geheimnisse des Lebens? Was ist unsere Bestimmung? In uns allen steckt ein Hierophant. Du selbst musst herausfinden, woran du glaubst und welcher Wahrheit du folgen willst. Vertraue dabei deiner inneren Führung. Öffne dich Menschen, die dich unterstützen. Du trägst einen einmaligen Schatz von Erlebnissen und Erfahrungen in dir, von dem andere profitieren können. Jeder ist Lehrer für jeden. So erwächst gegenseitiges Verständnis – und ein Glaube, der nicht auf Dogmen oder blindem Vertrauen beruht, sondern auf tiefem Wissen und ewigen Wahrheiten.

Aufrechte Bedeutung: Traditionen und Rituale ehren, institutionalisiertes Wissen, Konventionen akzeptieren.
Umgekehrte Bedeutung: Nicht-Konformität, Fokus auf Individualismus, Ablehnung traditioneller Wege.

VI. DIE LIEBENDEN

Diese Karte zeigt ein innig verliebtes Paar. Die gegenseitige Anziehungskraft hat sie zusammengebracht, und das bewusste Ja zueinander hat sie vereint. Wobei der blaue Vogel einen Aspekt des Animus verkörpert – er ist der Seelengeliebte der Frau. Vögel symbolisieren die Seele, Federn die Freiheit. Und so zeigt sich die Verschmelzung der Beiden darin, dass der Vogel menschliche Züge angenommen hat und seine Partnerin ein Kleid mit blauen Federn trägt, die zu den seinen passen. Wie Vögel können die Liebenden hoch in den Himmel aufsteigen, ihre Liebe ist grenzenlos. Beide sind eng miteinander verbunden, einander verpflichtet – eine bewusste Herzensentscheidung, die in Freiheit getroffen wurde. Diese Karte deutet an, dass du dich in der nächsten Zeit verstärkt mit den Themen Liebe, Anziehung und Erotik auseinandersetzen wirst. Du bist auf der Suche nach Harmonie und Ganzheit, willst die Kraft der Gegensätze vereinigt sehen. Liebe ist die Urkraft des Lebens, des Wachstums. Die Liebenden kündigen eine Zeit oder Situation inniger Vereinigung, intensiver Begegnungen und lebendiger Auseinandersetzungen an. Du hast nun die Chance, dein Herz zu öffnen und andere an dich herankommen zu lassen.

Aufrechte Bedeutung: Göttliche Vereinigung, starke Bande, Verwandtschaft, gemeinsame Werte.
Umgekehrte Bedeutung: Eigeninteressen, Ablehnung, Disharmonie.

VII. WAGEN

Wir sehen eine Frau auf einer Schnecke reiten – mehr noch: Sie scheint mit dieser sogar verschmolzen zu sein. Konzentriert hält sie die Zügel in der Hand, die an den Fühlern des Tieres befestigt sind. Sie sieht sehr zuversichtlich und entschlossen aus, was ihr Vorankommen betrifft. Die spiralförmige Gestalt ihres Kopfschmucks zeigt, dass sie sich auf die Stärke ihrer eigenen geistigen Kräfte und ihres Willens ebenso verlässt, wie auf die physische Energie der Schnecke, die sich langsam, aber sicher, ihren Weg bahnen wird. Der Wagen befindet sich auf einer Reise in eine ungewisse Zukunft. Die im Hintergrund sichtbare Silhouette des Schlosses lässt uns ahnen, dass die Protagonistin sich von den Fesseln der Vergangenheit befreit hat. Wer auf einer Schnecke reitet, nähert sich achtsam einem Ziel, das in weiter Ferne liegt. Diese Karte fordert uns auf, unser Tempo zu drosseln, ruhiger zu werden und uns mehr Zeit für die kleinen, aber wichtigen Dinge des Lebens zu nehmen. Ähnlich wie sich auch die Spirale auf dem Schneckenhaus auf einen Punkt konzentriert, sollen auch wir uns innerlich sammeln und konzentrieren. Letztlich geht es um einen Neuanfang, auf den wir uns am besten in kontemplativer Meditation vorbereiten. Lass die Welt an dir vorüberziehen. Die Rätsel von heute bereiten den Weg von morgen. Deinen eigenen, zu dir passenden Weg findest du, wenn du entdeckst, was dich antreibt.

Aufrechte Bedeutung: Kontrolle, Willenskraft, Erfolg, Aktion, Disziplin, Entschlossenheit.
Umgekehrte Bedeutung: Opposition, Richtungslosigkeit, Ablenkungen, Verzögerungen.

VIII. KRAFT

Die Szene erinnert an das Märchen von der Schönen und dem Biest: Wir sehen einen mächtigen Löwenkopf im Schoß einer jungen Frau ruhen, die diesen sanft liebkost. Doch bei näherem Hinsehen erkennen wir, die junge Schöne hat Katzenohren, einen Schweif und auch ihr Gesicht hat schon ein wenig katzenhafte Züge angenommen. Obwohl sie äußerlich viel kleiner und schwächer als der große Löwe wirkt, hat sie die Situation unter Kontrolle. Sie ist das Sinnbild für Balance, Zentrierung, das Finden der eigenen Mitte. Und die Akzeptanz unserer Leidenschaft, unserer Schattenanteile und Begierden. Nehmen wir sie an, finden wir in unsere wahre Kraft. Eine Kraft, die uns offenbart, dass wir niemanden auf einen Sockel stellen oder fürchten müssen. Wir selbst sind stark. Sind Löwen. Wir erkennen, dass wir alle miteinander verbunden sind. Verstehe: Konflikte und Aufgaben sind Herausforderungen, mit denen du spielerisch-kämpferisch umgehen kannst. In ihnen steckt ein großes Wachstums-Potenzial. Und gerade das ist die Nahrung, die dein Selbstbewusstsein braucht.

Aufrechte Bedeutung: Innere Stärke, Erkenntnis, Auflösung, Selbstvertrauen.
Umgekehrte Bedeutung: unterwürfig, unkontrolliert, ungeduldig, furchtsam

IX. EREMIT

Als Exil hat der Eremit, in diesem Fall eine Meerjungfrau, einen Leuchtturm gewählt, der sich wie ein surreales Wahrzeichen aus der Erdenkugel erhebt. In sich versunken sitzt die junge Frau auf dem Turm und hält eine Art Angelschnur mit einem Licht, das zwei Schiffen den Weg weist. Von ihrer hohen Position aus kann sie die weite Umgebung überblicken, und sie ist mit dem sich verdunkelnden Himmel verbunden, der für Wissen, Spiritualität und Weisheit steht. Wenn du diese Karte erhältst, wird dir ans Herz gelegt, dich für eine Weile aus dem äußeren Leben zurückziehen. Sie steht für Phasen des bewussten Alleinseins, der Meditation, der Versenkung in eine praktische Arbeit. Suche die Abgeschiedenheit und konzentriere dich auf dich selbst. Auf dem Weg nach innen wirst du deinem eigenen Schatten begegnen. Stelle dich dieser Erfahrung und du wirst wertvolle Einsichten über dich selbst gewinnen. Löse dich von allem, was nicht deiner inneren Wahrheit entspricht.

Aufrechte Bedeutung: Introspektion, Einsamkeit, Erkenntnis, Wissen, Erleuchtung.
Umgekehrte Bedeutung: Unwissend, aufmerksamkeitsheischend, nicht offen für spirituelle Impulse.

X. RAD DES SCHICKSALS

Auf dieser Karte enthüllt das Kleid der Protagonistin ihr Innerstes, das aus einer Reihe von Zahnrädern besteht, die ineinandergreifen. Alle sind miteinander verbunden und somit Teil einer sehr viel größeren Maschinerie. Kein Rad kann für sich allein existieren – und die Funktionsfähigkeit des großen Ganzen hängt von der Funktion jedes einzelnen Teilchens ab. Die Frau auf der Karte hat selbst keine Macht über den Prozess, keine Kontrolle über die Höhen und Tiefen des Lebens. Das Rad an der Spitze hält ihr Herz. Was auch immer geschehen mag hängt davon ab, wie sich ihr Schicksalsrad dreht. Die Uhr in der Hand der Frau repräsentiert die ewigen Zyklen der Zeit, denen wir alle unterworfen sind. Die Wolken am Himmel verdeutlichen, dass sich das Leben unaufhörlich verändert. Doch jetzt scheint für dich eine Zeit anzubrechen, in denen deine Pläne unter einem guten Stern stehen. Was immer du dir erträumt hast, rückt jetzt in greifbare Nähe – vorausgesetzt, du nutzt die Gunst der Stunde. Denke groß. Alles ist möglich. Mach dich bereit für einen vielversprechenden Neubeginn.

Aufrechte Bedeutung: Glück, Zyklen der Zeit, Schicksal, Chancen, Aufbruch, ewiger Wandel.
Umgekehrte Bedeutung: Illusion von Kontrolle, Widerstand, Wut auf den Mechanismus.

XI. GERECHTIGKEIT

Die Frau auf dieser Karte repräsentiert die Gerechtigkeit und das Gesetz. Sie thront auf dem Dach eines hohen Gebäudes und trägt als Zeichen ihrer Autorität ein fließendes goldenes Gewand. Von ihrer Position aus hat sie einen guten Überblick und kann so ohne Ablenkung ihr Urteil fällen. In ihren Händen hält sie die Wahrzeichen der Justitia – ein Schwert und die goldene Waagschale – doch die Augenbinde fehlt. Stattdessen blickt hier eine sehr weise wirkende Richterin hinab auf das Geschehen. Ihr Schwert in der rechten Hand fungiert als Symbol der Trennung, die Waage steht für das Abwägen ihrer Entscheidungen. Ihr Haar besteht aus Wolken, sie ist mit dem Himmel verbunden. Aus spiritueller Sicht symbolisiert dieser die Unendlichkeit und jene ewige Schicksalsmacht, die alles Irdische lenkt. In ihrer gesamten Erscheinung ist die Gerechtigkeit eine mahnende Erinnerung daran, dass alle Handlungen Konsequenzen haben. Die Karte weist dich darauf hin, bei anliegenden Entscheidungen fair und verantwortungsvoll zu handeln. Spirituelles Wachstum ist jetzt möglich, wenn du dich bereitwillig deinen Ängsten stellst und auch negative Auswirkungen einer Entscheidung vorbehaltlos akzeptierst.

Aufrechte Bedeutung: Unparteilichkeit, Konsequenzen, Normen, Fairness, Verantwortung.
Umgekehrte Bedeutung: Voreingenommenheit, Missachtung der Fairness, Korruption.

XII. GEHÄNGTE

Wir sehen eine wunderschöne, graziöse Frau, die entspannt kopfüber an einem dunklen Tau hängt. Ihre Hände hat sie über der Brust zusammengelegt und scheint völlig im Reinen mit sich zu sein. Umgeben ist sie von dicken grünen Blättern, die eine natürliche und intime Atmosphäre schaffen. Zwischen den Blättern tauchen bunte Vögel auf, die sie neugierig betrachten. Doch wenn wir den Blick nach oben wandern lassen, entdecken wir: Das Ende des Seils ist an einem Reißverschluss befestigt. Stück für Stück zieht das Gewicht der Gehängten den Verschluss nach unten und eröffnet uns so eine neue Perspektive – hinter der Blätterwand taucht ein idyllischer blauer Himmel mit kleinen Wolken auf. Eine Andeutung davon ist auch auf ihrem Kleid zu erkennen. Diese Karte ermuntert uns, unseren Blickwinkel zu verändern. Kopfüber sieht die Welt anders aus – festgefahrene Situationen lassen sich nur klären, wenn du bereit bist, loszulassen und zu entspannen. Spiele nicht den Märtyrer, verstricke dich nicht in sinnlose Dramen und verzichte bewusst darauf, dich in die

Opferrolle zu flüchten. Vertrau darauf, dass sich alles schon bald klären wird. Diese Zwangspause hilft dir dabei, dich von alten Zwängen, Vorstellungen und Gedankenmustern zu verabschieden und neue Perspektiven zu erlangen. Eine Krise bedeutet auch immer die Chance, wichtige Einsichten zu gewinnen und einen anderen Kurs einzuschlagen. Wir reifen an ihr, werden stärker, erkennen die Kraft in uns. Und sehen die Welt plötzlich mit anderen Augen.

Aufrechte Bedeutung: Stille, Akzeptanz, neue Perspektive, Erkenntnis, zur Ruhe kommen.
Umgekehrte Bedeutung: Widerstand gegen das, was ist, Trotz, Ungeduld, Kampf.

XIII. TOD

Mitten in einem schönen grünen Garten sehen wir eine Frau, deren Brust weit geöffnet ist. Doch obwohl wir im geöffneten Brustkorb ihr Skelett erkennen können, steckt sie voll Leben. Mehr noch: Ihr Körper ist ein Gefäß für üppig blühende Blumen. Die weißen Lilien, die aus ihrem Skelett herauswachsen, sind ein Symbol für Reinheit, Unschuld, Abschied und Hoffnung. Die Frau schaut auf einen Schmetterling, der auf einer der Lilien ruht. Als Symbol für Auferstehung und Leben steht der Schmetterling gleichzeitig für Transformation, Loslassen und Freiheit. Die

Karte zeigt uns, dass der Tod nicht das Ende, sondern der Beginn eines kraftvollen Neubeginns ist. Die Karte erinnert uns aber auch daran, dass etwas sterben muss. Wir sollten uns von alten, längst überholten Vorstellungen und Verhaltensweisen verabschieden. Wenn wir aus Angst vor Veränderungen an alten Strukturen und Beziehungen festhalten, verschließen wir uns der Chance, wunderbare neue Geschehnisse in unser Leben einzuladen.

Aufrechte Bedeutung: Verwandlung, Abschied, Endgültigkeit, Vollendung, Verlust, Übergang, Finalität.
Umgekehrte Bedeutung: Festhalten am Status quo, Verleugnung, Hinauszögern eines Endes.

XIV. MÄSSIGKEIT

Wir sehen eine engelsgleiche Schönheit, die sich in einem üppig grünen Garten unter einem roten Schirm im Yoga-Sitz niedergelassen hat. Ihr weißes Kleid ist ein Symbol für Reinheit und Achtsamkeit. Die Arme sind ausgebreitet, die Handflächen zeigen nach oben. Auf einer Hand hat eine weiße Taube Platz genommen, von der anderen fliegt eine weitere Taube nach oben. Ankommen und Loslassen – beides ist wichtig. Und so symbolisieren die weißen Tauben das Gesetz der inneren Balance. Die Frau ist völlig konzentriert im Hier und Jetzt, scheint mit ihrer Umgebung zu verschmelzen. Hier herrscht ein Gefühl von Harmonie, aber auch von Mäßigung. Ihr hauchzartes Kleid schwebt wie Wasser und zeigt, dass alles einer zarten, bewussten Berührung bedarf, damit es im Fluss bleibt. Der rote Schirm, der sie krönt, steht für die Notwendigkeit, achtsam den Weg des Herzens einzuschlagen und den eigenen Werten treu zu bleiben. Die Karte erinnert uns daran, dass wir wahren Frieden nur in uns selbst finden können. Wie innen so außen heißt das Gesetz des Ausgleichs. Und so liegt es an uns, in eine gesunde innere Balance zu finden, damit wir in Harmonie mit unseren Mitmenschen leben können. Vielleicht hilft dir Meditation dabei, Frieden im Innen und Außen zu finden.

Aufrechte Bedeutung: inneres Gleichgewicht, Mäßigung, Integration, Akzeptanz, Harmonie, verschmolzene Elemente.
Umgekehrte Bedeutung: Zwietracht, Unausgeglichenheit, Exzess, Extreme.

XV. TEUFEL

Die Karte des Teufels zeigt eine Spinnenfrau, die uns in ihr Netz locken will. Sie sitzt auf einem roten Fliegenpilz, eine Warnung vor Gefahr, Rausch und giftiger Versuchung. Der Blick der Spinne ist betörend, einladend. Schauen wir ihr zu lange in die Augen, kann uns das rasch zum Verhängnis werden. Mit zwei süßen Kirschen versucht sie zu verführen, diese stehen für die Macht der Lust und die Fallstricke der Leidenschaft. Der Teufel macht Jagd auf alle, die anfällig sind für seine Verführungskünste und sucht gezielt nach schwachen Menschen. Menschen, die er mit seinen Phantasien, schönen Worten und Bildern einlullen kann. Und so hat die Frau auf unserer Karte geduldig ihr Spinnennetz gewebt, das zart erscheint, aber in Wirklichkeit unzerstörbar ist. Es ist ein Netz dunkler Triebe aus den Tiefen der Seele und steht für die Schattenseite des Lichts. Wer nicht vorsichtig ist, wird auf ewig ein Gefangener in diesem Spinnennetz der Unterwerfung bleiben. Die Karte zeigt dir, dass du jetzt die Chance hast, unterschwellige Wünsche auszuleben und den Dingen, die dir Freude bereiten, sichtbar Ausdruck zu verleihen. Denn der Teufel ist jener Teil von uns, den wir bisher vernachlässigt haben, obwohl wir eine Sehnsucht nach ihm empfanden. Insofern ist er das Sinnbild eines tief in uns verborgenen kreativen Potenzials und hilft uns dabei, geheime Visionen und ungewöhnliche Projekte erfolgreich umzusetzen. Das macht ihn – richtig verstanden – auch zu einem Symbol für innere Freiheit. Sei ehrlich: Was willst du wirklich? Welche ungestillten Leidenschaften schlummern in dir? Welchen

Prinzipien folgst du? Wichtig ist, dass du dir bei allem, was du tust, immer wieder deine eigenen Ideale und Werte ins Gedächtnis rufst.

Aufrechte Bedeutung: Besessenheit, Fallen, Versuchungen, Wahnvorstellungen, Verlockung, Korruption, Verstrickung, Nachsicht.
Umgekehrte Bedeutung: Befreiung, Autonomie, Kreativität, ungewöhnliche Entscheidungen.

XVI. TURM

Auf dieser Karte sehen wir eine Frau, die sich an einen Turm schmiegt und versucht, ihn vor dem Einsturz zu bewahren. Aber der Turm – der sich auf einem Vulkan befindet – beginnt bereits zu explodieren, und nichts kann seine Zerstörung aufhalten. Ein großer Riss spaltet das Gebäude. Steine und dunkle Asche wirbeln durch die Luft. Sogar die Haare der Frau haben sich in Rauch verwandelt, so dass sie sich nicht mehr aus diesem traumatischen Ereignis befreien kann. Wir sollten jedoch nicht vergessen: Der Turm kann auch für Unwahrheiten und Täuschungen stehen, die dringend zerstört werden müssen. Er weist uns auf eine hohe energetische Kraft hin, die alles, was nicht mehr stimmig ist – Erstarrtes, Unbestimmtes und Verhältnisse, die uns nicht mehr dienen – zerstören kann. Veränderungen drängen in unser Leben, weil es Zeit ist uns freizumachen und weiterzugehen. Wir müssen verstehen, dass die eigentliche Veränderung zuvor in uns stattgefunden hat und nun ans Licht drängt. Alte verhärtete Strukturen sind uns nicht länger dienlich. Es ist an der Zeit, dass wir uns von überholten Denk- und Lebens-Mustern trennen. Wir werden starre Haltungen und Gewohnheiten aufgeben müssen, damit etwas Neues eintreten kann. Das kann den Abschied von einem geliebten Menschen, den Wechsel der Arbeitsstelle, der Wohnung oder etwas Ähnliches betreffen. Die Karte ermutigt dich: Lass dich von deiner inneren Führung durch diesen Prozess führen, er wird dir neue Räume eröffnen.

Aufrechte Bedeutung: Krise, Chaos, traumatisches Ereignis, abrupte Veränderung, Sündenfall.
Umgekehrte Bedeutung: Eindämmung, Abnabelung, Verhinderung von Katastrophen, Aufbruch.

XVII. STERN

Diese Karte zeigt eine männliche Apollo-ähnliche Figur mit großen Libellen-Flügeln. Ein Jüngling sitzt auf dem Palastbalkon des Taj Mahal, einem Symbol der Inspiration und ewigen Liebe. In seiner Hand hält er einen Zauberstab mit einem hell leuchtenden Stern und schaut versonnen in den Himmel. Die zerstörerische, aufrüttelnde Kraft der vorhergehenden Karte des Turms hat bei ihm eine spirituelle Transformation eingeleitet. Nun ist er voll Hoffnung und Vertrauen auf das, was kommen mag. Denn er weiß: Sein Stern wird ihm den Weg weisen, und seine Flügel werden ihn auf eine höhere Ebene erheben. Auch du bist ein Kanal für kosmische Energien. Diese Karte ermutigt uns, die Lösung aller Probleme vertrauensvoll dem Wirken eines größeren Ganzen zu überlassen. Der Stern ist ein Inbegriff für unsere tiefsten Sehnsüchte und kühnsten Träume. „Jedes Leben steht unter seinem eigenen Stern", sagt der Dichter Hermann Hesse. Folgen wir unserem Leitstern, finden wir durch ihn zu unseren ureigenen Quellen. Und entdecken am Ende unserer abenteuerlichen Reise die wahren Schätze des Lebens in uns selbst.

Aufrechte Bedeutung: Inspiration, Vision, Hoffnung, Wiederherstellung, Befreiung, Optimismus, Harmonie.
Umgekehrte Bedeutung: Anhaltender Konflikt, Hoffnungslosigkeit, Mangel an Glauben.

XVIII. MOND

Wir sehen einen Vollmond am Nachthimmel mit deutlich erkennbarer Sichel – ein Symbol für Wechsel und Wandel im Sinne der Weiterentwicklung. In den alten Kulturen galt der Mond als Spiegel der Seele. Er steht für das Unbewusste sowie für die Gefühle und die Kräfte aus dem Inneren unserer Psyche. Das helle Mondlicht erzeugt eine geheimnisvolle, geradezu mystische Atmosphäre, in der wir eine Frau erkennen, die auf einer Mauer sitzt. Tief in ihren Gedanken versunken hat sie sich dem Mond zugewandt. Unter ihr liegt ein Meer aus dunklem Wasser, das unser Unbewusstes spiegelt. Ihr dunkles Kleid umschlingend, steigen mächtige Tentakel aus dem tiefen Meer auf, und kriechen an die Oberfläche. Ein Symbol für die tiefsten Ängste und Befürchtungen der Frau, die aus den Tiefen ihrer Seele hochkommen. Der heulende Wolf neben ihr ist ihr Beschützer, repräsentiert aber gleichzeitig auch die wilden Aspekte unseres Geistes. Die Karte zeigt an, dass wir uns auf eine Reise in unser Unterbewusstsein, ins Reich der Schatten begeben. Das Element Wasser verdeutlicht, dass die weibliche Seite in uns zur Sprache kommt. Es geht um Empfindungen und Sehnsüchte des Herzens. Jetzt ist es wichtig, dem Unbewussten Raum zu geben und auf das zu hören, was es uns mitteilen will. Das betrifft vor allem unsere Träume. Denn das innere Auge sieht mehr, als uns meist bewusst ist. Und die Karte fordert uns auf, mehr auf unsere Seelen-Bedürfnisse einzugehen. Vor uns liegt eine Phase der Prüfungen und Auseinandersetzungen mit der eigenen Identität. Dein Unbewusstes versucht, dich dazu zu bewegen, neue Lösungsansätze zu suchen. Höchste Wachheit und Zentriertheit sind gefragt, damit du die Prüfungen des Lebens erfolgreich bestehen, und Krisen in Chancen verwandeln kannst. Die Karte verheißt aber auch Erlösung, Verdrängtes kommt ans Licht und kann erfolgreich verarbeitet werden. Überlass dich vertrauensvoll der reinigenden Kraft des Mondes – und lebe deine Kreativität aus.

Aufrechte Bedeutung: Tiefengreifende Erkenntnisse, Erleuchtung, Unbewusstes, Visionen, Klärung, Geheimnis.
Umgekehrte Bedeutung: Illusionen, Beruhigung, Verdrängung, Verleugnung, Schattenseiten

XIX. SONNE

Die Karte zeigt eine strahlende, makellose Schönheit, die das gesamte Licht und die Energie der Sonne einfängt. Ihr Kleid ist himmelblau und der Rock besteht aus flauschigen Wolken. Diese Frau ist von vollkommenem Glück erfüllt und sie verbreitet ihre liebevolle Wärme im Leben anderer Menschen. Aber ein dunkler Vogel bedeckt eines ihrer Augen und blockiert die Kraft der Sonne, so dass ihre erhellenden, wärmenden Strahlen nicht in jeden Winkel gelangen. Und so kommt es, dass wir uns selbst bei Sonnenschein manchmal traurig oder deprimiert fühlen. Aber bald wird der Vogel fortfliegen, die negative Stimmung wird vergehen und die Sonne wird wieder ihre wohltuende Wärme entfalten können. Bei dieser Karte geht es um Urvertrauen sowie Schöpfungskraft und Kreativität. Sie symbolisiert aufbauende Energien, Erneuerung und Herzenswärme. Alle Bereiche unseres Seins sind jetzt vom Licht der Erkenntnis durchflutet. Eine große lebensbejahende Kraft durchströmt dich, unterstützt dich dabei, deiner eigenen Persönlichkeit Ausdruck zu verleihen. Blinde Flecken und Unbewusstheiten lösen sich auf. Alte schmerzende Wunden können geheilt werden. Bejahe das Licht in dir.

Aufrechte Bedeutung: Durchbruch, Ausstrahlung, Glück, Einsicht, Energie, Großzügigkeit.
Umgekehrte Bedeutung: Verwirrung, Negativität, Depression, Einschränkungen, Müdigkeit.

XX. GERICHT

Diese Karte zeigt einen weiblichen Engel in eleganter Abendgarderobe. Einen Boten Gottes, der in seinen weißbehandschuhten Händen eine große goldene Trompete hält. Konzentriert schaut der Engel auf das Blasinstrument. Wird er gleich die Fanfare zur Einleitung des Jüngsten Gerichts ertönen lassen? Die Frau befindet sich mitten in einer geschäftigen

Stadt und ruft alle Menschen auf, sich zu erheben und Stellung zu beziehen. Die Karte erinnert uns daran, dass wir am Ende für unsere Handlungen und Lebensentscheidungen beurteilt werden. Aber die Fehler der Vergangenheit werden uns verziehen, wenn wir uns entscheiden, uns zu ändern und einen neuen Anfang zu machen. Und diese Karte drängt uns, Wiedergutmachung zu leisten, indem wir unser Leben umgestalten. Es ist an der Zeit, die Dinge von einer höheren Warte aus zu betrachten. Statt Vergeltung sind jetzt Vergebung und Versöhnung gefragt. Statt anzuklagen, geht es darum, Verständnis für die Beweggründe anderer zu entwickeln. Reiche anderen die Hand für einen Neuanfang, ziehe einen Strich unter Vergangenes. Das Gericht steht für weise Einsicht, für tiefes Verstehen.

Aufrechte Bedeutung: Entscheidungen, Erlösung, Wiedergutmachung, Vergebung, Verständnis, Versöhnung.
Umgekehrte Bedeutung: Reue, Schuld, Selbstbeschuldigung, mangelndes Selbstbewusstsein.

XXI. WELT

Auf dieser Karte erblicken wir eine Frau, die große Entfernungen zurückgelegt hat. Auf ihrer Reise hat sie das Universum durchquert, nun hat sie das Ende eines großen Lebenszyklus erreicht. Das Erdkleid, das sie trägt, und die Planeten, die sie in der Hand hält, repräsentieren die Erfahrungen, die sie sammeln konnte. Die Frau hat ihre Ziele erreicht, ihre Träume sind in Erfüllung gegangen. Sie ist angekommen. Doch alles, was entsteht, wird auch wieder vergehen. So lautet das unwandelbare Gesetz des Universums. Versteh diese Karte als einen Anlass zur Freude: Du bist in Einklang mit den Kräften des Universums. Die Welt steht dir offen. Deine Pläne, Vorhaben und Ideen kannst du jetzt mit spielerischer Leichtigkeit umsetzen. Du trittst ein in eine Phase, in der du vertrauensvoll und entspannt zuschauen kannst, wie sich die Dinge entwickeln. Akzeptiere deine Ziele als den Anfang des Weges, der wiederum die Erfahrung des Ziels in sich birgt.

Aufrechte Bedeutung: Erfüllung, Erfolg, erreichte Ziele, Reife, Vollendung.
Umgekehrte Bedeutung: Rückzug, Aufgeben, Apathie, Stase, Disharmonie.

DIE KLEINEN ARKANA

ASS DER STÄBE

Eine selbstbewusste junge Frau schaut auf eine große Pfingstrose, die aus dem Buch, das sie gerade liest, herausragt. Die Pflanze wächst in den Himmel empor, während sich ihre wunderschönen Blütenblätter weit öffnen. Sie will uns herausfordern, unsere gewohnten Gedankenpfade zu verlassen, will unsere Vorstellungskraft aktivieren. Denn sie steht für jene außergewöhnlichen Ideen, die im Geiste wachsen und gedeihen können, wenn wir dafür offen sind. Das Buch symbolisiert die Grundlagen, auf denen sich neue kreative Möglichkeiten entwickeln können. Nehmen wir uns ein Beispiel an der Frau auf der Karte – und lassen auch wir uns inspirieren und motivieren, innovative Himmelsschlösser zu bauen. Das Ass der Stäbe schenkt uns jene Energie, die es braucht, um aus gewohnten Mustern auszubrechen. Die Karte ermutigt uns, uns für das zu engagieren, wofür wir brennen. Unseren Leidenschaften zu folgen. Sie fordert uns auf, die Grenzen der Ratio zu überschreiten und all unsere Energie darauf zu konzentrieren, die von uns gewählten Aufgaben erfolgreich in Angriff zu nehmen.

Aufrechte Bedeutung: Kreatives Potenzial, Initiative, Möglichkeiten, Engagement, Leidenschaft.
Umgekehrte Bedeutung: Mangel an Ehrgeiz, Richtungslosigkeit, Ablenkungen, Verzögerungen.

ZWEI DER STÄBE

Auf dieser Karte sehen wir eine couragierte junge Frau, die auf dem Dach ihres Hauses sitzt und den über ihr scheinenden Vollmond betrachtet – das Symbol des Wandels und der Intuition. In ihrem Schoß liegt wie ein großer Wasserball die Erde, die sie locker mit beiden Händen hält. Der blaue Planet steht für das Potential des Mädchens, für alle Möglichkeiten, die sie ergreifen kann. Während sie auf den Mond schaut, schwelgt sie in Zukunfts-Phantasien und stellt sich vor, welche Abenteuer da draußen auf sie warten. Noch ist sie auf dem Dach, befindet sich in Reichweite einer geschützten, vertrauten Umgebung. Doch sie denkt darüber nach, ihre Komfortzone zu verlassen. Prüft ihre Bereitschaft, Risiken einzugehen und ihre Zukunftspläne in Angriff zu nehmen. Die Zwei der Stäbe lädt dich ein, die Herrschaft über eine Situation zu übernehmen. Was willst du wirklich, wirklich tun? Klarheit und Kraft sind jetzt die Eigenschaften, mit denen du deine Ziele erreichst. Vergiss Diplomatie und Kompromisse, sei direkt. Handle selbstbewusst. Bleib dir selbst treu und geh deinen Weg.

Aufrechte Bedeutung: Potenzial, Initiative ergreifen, Pläne, Bestrebungen, Chancen nutzen.
Umgekehrte Bedeutung: Mangelnde Motivation, Angepasstheit, Passivität.

DREI DER STÄBE

Wir sehen eine standfeste, entschlossen wirkende Frau, die aufs Meer schaut. In ihrer linken Hand hält sie ein Schiff, dessen blaue Segel mit ihrem Kleid harmonieren. Gleich wird sie das Schiff hinunter in den Hafen setzen, damit es Fahrt aufnehmen kann. Sie weiß, hinter dem Horizont warten Abenteuer, warten Herausforderungen auf sie. Ihr Herz sehnt sich nach Freiheit, sie hat so viele Pläne, die sie umsetzen möchte. So viele Träume, die darauf warten, gelebt zu werden. Ihre Komfortzone hat sie bereits mutig verlassen und es fehlt nur noch der letzte Schritt. Und den wird sie gehen – im vollen Bewusstsein ihrer Kraft. Die Frau ist sehr groß und kann aus ihrer erhabenen Sicht in die Ferne schauen – kann sie vielleicht sogar in die Zukunft blicken? Die Schwalben, die um sie herumfliegen, laden sie ein, endlich ihre Reise zu aufregenden neuen Orten zu beginnen. Ihre drei langen, dicken, geflochtenen Zöpfe zeugen von großer weiblicher Stärke. Diese Karte will dich daran erinnern, deine weibliche Seite in dir intensiver zu nutzen. Es ist jene Seite des intuitiven Wissens, der Gefühle und einer sehr alten Weisheit. Dadurch stehen dir ganz neue Möglichkeiten zur Verfügung. Suche die Ruhe, die Kontemplation und werde dir über deine wahren Gefühle klar. Sie werden dir Wege oder Lösung zeigen, die für dich richtig sind. Durch die Verbindung mit deiner weiblichen Kraft kannst du die Angelegenheit, um die es geht, mit Integrität und Ehrlichkeit in Ordnung bringen.

Aufrechte Bedeutung: Horizonterweiterung, Fortschritt, Weitblick, Selbstvertrauen, Gesandter.
Umgekehrte Bedeutung: Rückschläge, zurückgehalten durch Ängste, Zweifel, Stagnation.

VIER DER STÄBE

Auf dem Dach eines großen Hauses tanzt jubelnd ein junges Paar. Sie haben ihr Heim mit leuchtenden Lichterketten geschmückt und heißen nun die ankommenden Gäste willkommen. Vier Bäume umrahmen das Haus und symbolisieren Stabilität, Harmonie sowie ein gesundes Fundament. Die bunten

Vögel des Paares beobachten das fröhliche Treiben. Die ganze Atmosphäre ist freundlich, voll Glück und Harmonie. Die Vier der Stäbe steht für Vollendung und Verwirklichung. Ein Kreis hat sich geschlossen, ein Werk, an dem wir lange gearbeitet haben, ist nunmehr vollbracht. Einigungen und Kompromisse wurden erzielt, Gegensätze friedlich aufgelöst. Wenn sich Gegensätze vereinen, entsteht eine völlig neue Seinsqualität. Begegnen sich das Männliche und Weibliche gleichberechtigt auf Augenhöhe, können ihre Energien miteinander verschmelzen. Und aus dieser Verbindung kann etwas ganz Neues und Wunderbares entstehen. Diese Karte fordert dich auf, anzunehmen was ist. Akzeptiere die Andersartigkeit deiner Mitmenschen, sei offen für ihre Impulse. Erkenne, wie bereichernd Gegensätze sein können und erschließe dir eine Lebensqualität, die dich erfüllen kann.

Aufrechte Bedeutung: Feiern, Freiheit, freudige Ereignisse, Lebensqualität, Triumph.
Umgekehrte Bedeutung: Unterdrückung, Apathie, Konflikt, Einschränkungen.

FÜNF DER STÄBE

Eine Frau steht bei einem Schachspiel fünf Gegnern gegenüber. Ihr Rock ist wie ein Schachbrett gemustert, und die anderen Figuren des Spiels bewegen sich auf sie zu. Jede hat eine starke Überzeugung, steht für eine andere Strategie – und alle versuchen zu gewinnen. Bei so viel Widerstand und mitunter sehr verwirrenden Interessen hat die junge Frau Mühe, den richtigen Zug zu machen. Sie erwägt hochkonzentriert ihr weiteres Vorgehen. Lässt sie sich von den fünf Figuren aus der Ruhe bringen? Oder bleibt sie in ihrer Mitte und agiert so, wie es ihr entspricht? Authentisch, im Bewusstsein der eigenen Stärke? Die Karte zeigt dir, dass du mit Hindernissen auf deinem Weg und Widerstand gegen deine Pläne rechnen musst. Du läufst Gefahr, zu rasch aufzugeben und dich zurückzuziehen. Besinne dich auf die Kraft in dir. Wirf deine Ängste über Bord und stell dich deinen Herausforderungen. Du besitzt die innere Stärke, all deine Konflikte zu lösen – im außen wie im Innen. Geh keine faulen Kompromisse ein. Du hast immer die Wahl und kannst statt Angst die Liebe und Freiheit wählen.

Aufrechte Bedeutung: Konflikt, Kampf, Zwietracht, Wettbewerb, Auseinandersetzung.
Umgekehrte Bedeutung: Verhandlung, Lösungsfindung, Kooperation.

SECHS DER STÄBE

Eine erfolgreiche Frau fliegt triumphierend auf einem prachtvollen Kolibri durch die Wolken. Mit Hilfe ihrer gigantischen bunten Blume hat sie diesen gefiederten Freund erobert, der nun bedingungslos ihren Anweisungen folgt. Selbstbewusst gleitet sie durch die Lüfte, denn sie weiß genau, dass sie über viele Fertigkeiten verfügt. Sie ist stolz auf all ihre erworbenen Fähigkeiten und verspürt eine tiefe innere Zufriedenheit. Auch andere honorieren ihre Leistungen und gratulieren ihr zu ihrem Erfolg. Von nun an kann sie im Bewusstsein der eigenen Stärke ihre Lebensreise fortsetzen, wohin auch immer das Schicksal sie führen mag. Sechs Tauben, die auf dem Stängel sitzen, schauen bewundernd auf sie herab. Diese Karte sagt dir, dass du deine Ängste besiegt hast. Du kannst dir selbst vertrauen, denn du bist eine Lebenskünstlerin und kannst den Weg einschlagen, der wirklich zu dir passt, und die Ziele verfolgen, die deinen Herzenswünschen entsprechen. Die Zeit der Unterdrückung ist vorbei.

Aufrechte Bedeutung: Triumph, Stolz, Errungenschaften, Bewunderung.
Umgekehrte Bedeutung: Bescheidenheit, Niederlage, Arroganz, unverdientes Lob.

SIEBEN DER STÄBE

Wir sehen einen starken Mann hinter eisernen Gittern. Er steht vor einem roten Vorhang, der seine starken Emotionen und moralischen Überzeugungen symbolisiert. Der Mann verteidigt seine Position, indem er das Gitter mit bloßen Händen verbiegt. Die sieben Gitterstäbe stehen für alle Herausforderungen, denen er in seinem Leben begegnet ist. Seine mannigfaltigen Tätowierungen erzählen all jene Geschichten, die aus diesen Konflikten entstanden sind. Sie resultieren aus seinen Erfahrungen mit Aggression, Widerstand und der Notwendigkeit, andere zu beschützen. Stets ist er seinen Werten treu geblieben, hat sich immer für das, woran er glaubt, eingesetzt und es verteidigt. Er hat geliebt, hat gelitten. Diese Karte erinnert dich daran, couragiert für deine Überzeugungen einzutreten. Authentisch und offen für deine Ideale zu kämpfen und dich mutig notwendigen Auseinandersetzungen zu stellen. Es ist nicht die Zeit für faule Kompromisse. Hör auf, dich mit weniger zufrieden zu geben als du verdienst. Vertritt deinen eigenen Standpunkt falls es sein muss lautstark. Weiche nicht zurück, sondern steh zu dem, was du willst und verteidige aus Liebe zu dir selbst deine Grenzen.

Aufrechte Bedeutung: Aggression, Widerstand, Verteidigung, Überzeugung, Charakterstärke.

Umgekehrte Bedeutung: Kampflos aufgeben, unvorbereitet sein, Erschöpfung, Konflikte scheuen, Niederlage.

ACHT DER STÄBE

Nach der Zeit der Kämpfe ist der Weg nach vorn nun klar. Veränderungen liegen in der Luft und die junge Frau auf der Karte spürt den Aufwind. Nun weiß sie, dass die Zeit zum Handeln gekommen ist. Ihre acht hellen Schirme, die sich in einen strahlend blauen Himmel erheben, wirken wie ein einziger, der sie mit sich zieht. Kleine Vögel begleiten sie auf ihrem Weg in eine strahlende Zukunft. Ihr Haar flattert im Wind, und ihr Rock hat sich schirmartig aufgebauscht. Alles ist im Fluss und bewegt sich zielgerichtet. Die Karte ermutigt dich, klar zu kommunizieren und aktiv zu werden. Sprich offen und frei, über alles, was dich bewegt. Halte nichts zurück. Du darfst und kannst deine innere Wahrheit leben. Wann, wenn nicht jetzt, willst du damit beginnen, das zu tun, was du schon immer tun wolltest? Deine authentische Ausstrahlung wird dir dabei helfen, die Herzen anderer Menschen zu berühren, und du findest Unterstützung, wann immer du sie benötigst.

Aufrechte Bedeutung: Veränderungen kündigen sich an, bereit zur Aktion, im Fluss sein, Aufschwung.

Umgekehrte Bedeutung: Hindernisse, die Dinge zu viel überdenken, bevor man etwas tut.

NEUN DER STÄBE

Wir erblicken eine Frau, die sich erfolgreich durch ein dichtes Dornengestrüpp kämpft, um ihren Weg zu finden. Sie hat dabei einige Blessuren davongetragen. Neun Narben auf ihrem Oberkörper zeigen, dass es nicht einfach war, sich aus dem Dickicht zu befreien. Mit einer Hand drückt sie die Pflanze nach unten, in der anderen Hand hält sie eine Rose als Symbol für Würde und Entschlossenheit. Diese Karte erinnert dich an deine innere Stärke. Sie symbolisiert deine enorme Kraft, dein unglaubliches Potential auf allen Ebenen deines Seins, auf das du in schwierigen Zeiten zurückgreifen kannst. Durch Konzentration, Meditation und Achtsamkeit bekommst du Zugang zu dieser Quelle deiner Kraft. Mach dir bewusst, wer du wirklich bist. Du hast dich mutig so vielen Herausforderungen gestellt, hast alte Verhaltensmuster, die dich deiner Energie beraubt haben, erkannt und dich von ihnen befreit. Jetzt findest du wieder Zugang zu deinem ursprünglichen Potential und kannst mit neuer innerer Stärke deine Ziele verfolgen.

Aufrechte Bedeutung: Beharrlichkeit, Ausdauer, Entschlossenheit, Hingabe.

Umgekehrte Bedeutung: Aufgeben, den Glauben verlieren.

ZEHN DER STÄBE

Wir sehen eine Frau in einem geblümten Kleid auf einer üppigen grünen Wiese. Gebeugt unter dem Gewicht gigantischer Blumen, die sie auf ihrem Rücken trägt, hat sie die Hand um eine weitere Blume geschlossen, deren Blüte größer ist als ihr Kopf. Sie ist in ihre Tätigkeit so vertieft, dass sie die Schönheit um sie herum gar nicht genießen kann. Zehn Blumen stehen noch auf der Wiese und warten darauf, von ihr gepflückt zu werden. Doch die Bürde, die sie sich aufgeladen hat, wiegt bereits jetzt zu schwer. Und die junge Frau droht an der zusätzlichen Last zu zerbrechen. Diese Karte ermahnt dich, sorgfältiger auf deine Ressourcen zu achten. Schon jetzt hast du zu viele Aufgaben übernommen, trägst zu viel Verantwortung auf deinen Schultern. Was willst du dir beweisen? Die Zehn der Stäbe gilt als Symbol für das Unterdrücken und Verleugnen der eigenen Gefühle. Wo beugst du dich dem Druck von außen und in welchen Bereichen deines Lebens verlangst du selbst zu viel von dir? Du befindest dich in einer Situation, in der du dich selbst enorm stresst, weil du anders fühlst als du handelst. Welche Ängste sind es, die dich dazu bringen, deine eigenen Grenzen zu missachten? Indem du dich ihnen stellst, entziehst du ihnen ihre Macht über dich. Und sobald das geschehen ist, wirst du auch wieder das dahinter verborgene Licht entdecken, kannst all das Wunderbare bemerken, das dich umgibt. Und du findest zurück in deine Mitte, in deine Kraft.

Aufrechte Bedeutung: Verpflichtungen, Stress, Überlastung, Unterdrückung.
Umgekehrte Bedeutung: Grenzen setzen, Freizeit, Selbstachtsamkeit, Freiheit

PAGE DER STÄBE

Eine abenteuerlustige Forscherin bahnt sich ihren Weg durch den dichten Dschungel. Sie hält eine große Lupe in der Hand, um ihre Umgebung zu inspizieren. Ihr vergrößertes Auge verrät, wie konzentriert, wie wissbegierig und intelligent sie ist. Ein Indiz dafür, dass sie auf ihrer Lebensreise stets offen ist für neue Impulse, Inspirationen und ungewöhnliche Ideen. Ausgetretenen Pfaden zu folgen ist nicht ihr Ding, sie will etwas erleben. Sucht das Abenteuer und will frei sein. So wie die Vögel des Dschungels. Jeder ist einzigartig. Jeder ist schön. Diese Karte will dich ermutigen, dein Herz zu öffnen für die Wunder des Lebens. Unser Herz besitzt eine eigene Weisheit. Mit ihm sehen wir die Dinge anders, sehen sie im

Licht der Liebe und Wahrheit. Wie die Forscherin auf der Karte erkunden wir plötzlich eine andere farbenfrohe Welt, begegnen Menschen, die zu liebevollen Weggefährten werden. Wir erkennen günstige Gelegenheiten, werden spielerisch erfolgreich. Und entdecken jene Freiheit, nach der wir uns immer gesehnt haben.

Aufrechte Bedeutung: Kreativität, Abenteuersinn, Selbstvertrauen, Leidenschaft, Entdeckung, Erforschung.
Umgekehrte Bedeutung: Engstirnigkeit, Selbstzweifel, Hemmungen, Unklarheiten.

RITTER DER STÄBE

Der Ritter der Stäbe ist eine couragierte Reiterin, die entschlossen durch einen Feuerring springt. Der Hintergrund ist dunkel und geheimnisvoll, die Sterne tauchen die Szene in ein diffuses Licht. Ihr Funkeln spiegelt den Mut der Reiterin wider. Züngelnde Flammen umgeben sie, aber ihr Selbstvertrauen lässt sie unerschrocken diese Feuerprobe bestehen. Sie ist bereit, Risiken einzugehen und scheut vor keinerlei Gefahren zurück. Der Feuerreif ist so hoch, dass sie den sicheren Boden verlassen muss, um ihn auf ihrem Pferd zu durchqueren. Diese Frau reagiert impulsiv, ist voll Energie und sehnt sich nach Abenteuern. Der Ritter der Stäbe verkörpert ein feuriges Engagement für eine gute Sache. Für diese Angelegenheit steht dir eine dynamische Kraft zur Verfügung, die dich in die Lage versetzt, alle Hindernisse aus dem Weg zu räumen. Wenn du etwas hast, eine Vision, die dich begeistert, oder etwas, wofür du brennst, dann sei bereit, deine ganze Kraft und Begeisterung dafür einzusetzen. Zögere nicht, deine Kraft dort einzusetzen, wo es für dich wichtig und richtig erscheint, wo du deine Wahrheit leben willst und wo es von Wert ist, dich zu engagieren.

Aufrechte Bedeutung: Selbstvertrauen, Mut, Charisma, Risikofreude, Durchsetzungsvermögen.
Umgekehrte Bedeutung: Ängstlichkeit, Vorsicht, auf Nummer sicher gehen, Opferrolle, Energieräuber, Verzögerungen, Frustration.

KÖNIGIN DER STÄBE

In ihren Händen hält die Königin der Stäbe eine große, leuchtende Sonnenblume. Und diese Blume wird ihrem Namen wahrhaft gerecht, denn sie strahlt so kraftvoll wie die Sonne selbst. Sie erhellt die Nacht und wir können die Umgebung erkennen. Die Blume ist ein Symbol der königlichen Macht, steht für Stärke, Charisma und Durchsetzungskraft. Die Königin ist fröhlich und kümmert sich um alle Geschöpfe der

Natur. Mit ihrer Schönheit und Wärme zieht sie alle möglichen Insekten, wie die schillernden Libellen an, die sie bewundernd umkreisen. Die geradezu magische Ausstrahlung der Königin in ihrem Gewand aus Pfauenfedern, entfacht die positive Energie in anderen. Diese Karte offenbart dir, dass auch du jetzt zu verstehen beginnst, wer du wirklich bist. Du hast einen in einigen Phasen sehr schmerzhaften Transformationsprozess durchlaufen und entdeckst nun dein enormes Potential. Teile deine Erkenntnisse mit anderen. Du besitzt die Reife und das Wissen, um auch anderen Menschen dabei zu helfen, ihren Weg zu finden.

Aufrechte Bedeutung: Charme, Durchsetzungsvermögen, Fröhlichkeit, Charisma, Begeisterung.
Umgekehrte Bedeutung: Egozentrik, Zurückgezogenheit, negative Einstellung.

KÖNIG DER STÄBE

Der König der Stäbe wird durch einen Gentleman mit einer Trommel dargestellt. In seiner rechten Hand hält er den Trommelschlägel wie ein Zepter als Symbol der Macht. Aus der Trommel lodern Flammen, die die Brust des Königs berühren. Diese Flammen spiegeln die selbstbewusste Haltung, die Vitalität und starke Willenskraft des Königs wider.

Er ist ein in sich ruhender, geborener Führer und kreativer Visionär, der unerschrocken seine Ideale lebt. In der Stadt hinter ihm gehen Lichter an. Sobald sie seinen Ruf vernehmen, sind die Menschen bereit, sich zu erheben und ihrem König zu folgen. Sein Charisma inspiriert andere dazu, mutig zu sein. Diese Karte signalisiert, dass du konsequent und engagiert auf die Realisierung deiner Ziele hinarbeitest. Du besitzt das Potential einer Führungspersönlichkeit und kannst andere Menschen anleiten. Deine Qualtäten sind so weit entwickelt, das dein Umfeld dich respektiert und deine Impulse und Ideen gern unterstützt. Übernehme Verantwortung und nutze deine Chancen.

Aufrechte Bedeutung: Anziehungskraft, Kompetenz, Führung, Visionär, Vordenker, Autorität, Entschlossenheit, Loyalität.
Umgekehrte Bedeutung: Dominanz, Abneigung, Führungsschwäche.

WEIBLICHER KÖNIG DER STÄBE

Eine in Rot gekleidete Frau steht inmitten eines prachtvollen Gartens. Die intensive Farbe ihres Umhangs symbolisiert Leidenschaft, Stärke und Energie. Um sie herum wachsen hohe Pflanzen, sie scheinen unsere Protagonistin zu umhüllen und ihr nur wenig Raum zu lassen. In diese mystisch aufgeladene Atmosphäre bringt der weibliche König mit ihrem Zauberstab Licht und Klarheit. Ein heller Strahl leuchtender Sterne sprüht aus dem Stab hervor und erleuchtet den Himmel. Trotz aller Hindernisse und Schwierigkeiten wird die rote Herrscherin immer eine Lösung, einen Weg finden, um ihre Mitmenschen aus der Dunkelheit zurück ins Licht zu führen. Entschlossen überwindet sie für sich und ihr Gefolge alle Hürden. Diese Karte erinnert dich an den weiblichen König in dir. Du hast die Möglichkeiten, deine Fähigkeiten dort zu entfalten, wohin dein Herz dich führen will. Vielleicht ist es an der Zeit, dich selbstständig zu machen oder deinen Job zu wechseln und neue Projekte in Angriff zu nehmen. Vergiss nie: Du hast große Führungsqualitäten – wofür und wo könntest du diese am besten einsetzen?

Aufrechte Bedeutung: Charisma, Führung, Visionär, Vordenker, Autorität, Entschlossenheit.
Umgekehrte Bedeutung: Dominanz, Abneigung, Führungsschwäche.

ASS DER KELCHE

Eine Frau schmiegt sich an eine übergroße Teetasse, aus der Hunderte von Schmetterlingen in den Himmel aufsteigen. Sie hält die Tasse nahe an ihrem

Herzen, da die Schmetterlinge ein Symbol für ihre tiefen Gefühle reiner Liebe sind. Gleichzeitig steht diese Karte aber auch für die Freiheit, die als Zeichen wahrer Liebe, loslassen kann. Ohne Ego, kann Liebe transzendieren und wir werden eins mit allem. Die Frau auf dem Bild, ist beseelt und teilt ihre Liebe mit dem Rest der Welt. Im Wasser erblickt sie ihr eigenes Spiegelbild - ein Zeichen ihrer Verbindung mit dem Unterbewusstsein und ihrer Intuition. Das Ass der Kelche ist das Bild unserer Seele, unserer inneren göttlichen Kraft - jenem Kanal für reine, bedingungslose Liebe, die durch uns hindurch strömt und uns strahlend umhüllt wie ein Energiemantel aus Licht. Die Karte will dich daran erinnern: Du bist Liebe. Alles kann sich verwandeln, wenn du bereit bist, deine Grenzen zu öffnen. Bereit bist, statt der Angst die Liebe zu wählen. Sie ist es, die dich mit deinem wahren Selbst vereint und dir offenbart, wer du wirklich bist.

Aufrechte Bedeutung: Intimität, tiefe Emotionen, Liebe, Mitgefühl, Intuition.
Umgekehrte Bedeutung: Fehlende emotionale Verbindung, Angst vor Intimität, starkes Ego, überwältigende Emotionen.

ZWEI DER KELCHE

Wir sehen zwei wunderschöne Frauen, die eng miteinander verbunden sind. Sie sind einander zum Verwechseln ähnlich und zeigen ihre Zusammengehörigkeit und gegenseitige Zuneigung dadurch, dass sie sich zwei Blumen teilen. Die Blumenstängel sind ineinander verschlungen, ein weiteres Symbol dafür, dass diese Zwei zusammengehören. Dies ist nicht nur eine Karte über eine geradezu magische Anziehungskraft, sondern auch für eine gleichberechtigte, kreative, inspirierende und für alle Beteiligten erfüllende Liebe. Wenn du diese Karte gewählt hast, könnte dir eine alles verändernde Begegnung bevorstehen oder bereits bestehende Verbindungen haben das Potential, eine neue Intensität zu erreichen. Liebe will sich verbinden, will Trennung überbrücken, will verschmelzen und dennoch ist sie ein Kind der Freiheit. Wir können sie annehmen, können sie verschenken, doch niemals einfordern. Erfüllung finden wir nur in bedingungsloser Annahme und Hingabe an die Liebe selbst.

Aufrechte Bedeutung: Emotionale Verbindung, Anziehung, Verschmelzung, Allianz, Partnerschaft.
Umgekehrte Bedeutung: Trennung, unversöhnliche Unterschiede, Missverständnis.

DREI DER KELCHE

Es ist ein strahlender, ein sonnendurchflutender Tag! Drei Frauen feiern ihre Freundschaft und haben Freude daran, mit den drei Reifen zu spielen. Sie verbinden diese und demonstrieren damit ihre gegenseitige Wertschätzung, ihren Respekt und ihre Sympathie füreinander. Jede Frau ist einzigartig und dennoch eint sie der Wunsch nach einem liebevollen Umgang miteinander. Erfüllung finden wir nicht nur in Partnerschaften, sondern auch in anderen Beziehungen. Diese Karte zeigt dir, dass du Menschen in deiner Nähe hast, die dich sehr schätzen. Du kannst mit ihnen wunderbare Erfahrungen machen. Doch um in der Fülle zu bleiben, müssen wir die Zusammenhänge verstehen. Zum Beispiel ist für eine innige Liebesbeziehung oder eine enge Freundschaft die Erkenntnis wichtig, dass wir andere Menschen nicht besitzen und nicht festhalten können. Liebe kann genau wie Zuneigung nur in Freiheit wachsen und erblühen.

Aufrechte Bedeutung: Feiern, Gemeinschaft, Kameradschaft, Teamgeist, Freundschaft, Synergie.
Umgekehrte Bedeutung: Disharmonie, Rückzug, Ausbeutung anderer, Entfremdung, Isolation.

VIER DER KELCHE

Ein Mädchen sitzt in sich versunken mit verschränkten Armen unter einem Baum. Der Regenschauer spiegelt ihre trübsinnigen Gedanken wider. Sie ist so sehr mit sich selbst beschäftigt, dass sie gar nicht darauf reagiert, dass ihr eine Ente einen Regenschirm anbietet und diesen schützend über ihren Kopf hält. So werden ihre Füße nass – ihre Basis ist ungeschützt. Diese Karte will dir Mut machen. Versink nicht in deiner schlechten Laune, in deinem Groll und hör auf, Trübsinn zu blasen. Du verpasst wichtige Chancen. Es gibt Freunde, die dir helfen wollen, die dir Wärme und Geborgenheit anbieten. Nimm ihr Angebot an. Der Schirm auf diesem Bild hat vier verschiedene Farben – ein Symbol für die unterschiedlichen Blickwinkel, aus denen du eine Situation betrachten kannst. Konzentriere dich auf das Positive, genieße die Gegenwart mit deinen dir liebevoll zugewandten Herzensmenschen. Alles ist gut.

Aufrechte Bedeutung: schlechte Laune, Rückzug, Passivität, Apathie.
Umgekehrte Bedeutung: Tatkraft, Engagement, Verbindung.

FÜNF DER KELCHE

Wir sehen eine traurige Frau, die in düsteren Farben gekleidet ist. Sie wendet uns den Rücken zu, steht in der Mitte eines Sees und blickt drei davontreibenden Blüten nach. Ihr Kummer über den Verlust ist spürbar. Die Blumen wurden von dem Zweig abgetrennt, den sie in ihrer Hand hält. Sie ist so sehr auf ihren Schmerz konzentriert, dass sie nicht auf die beiden verbleibenden Blumen achtet, die noch auf dem Zweig blühen. Ihre Trauer hindert sie daran, den Blickwinkel zu ändern, und sich dem Guten zuzuwenden. Dabei ist die Option auf ein neues Glück zum Greifen nah. Das Ufer ist erkennbar, die Frau müsste nur das Alte loslassen und voranschreiten. Diese Karte zeigt dir, dass es einen Ausweg aus dem Leid gibt. Es ist an der Zeit, nach vorn zu blicken und Hoffnung zu schöpfen. Du hast Verbündete. Und auf dich wartet so viel Schönes.

Aufrechte Bedeutung: Verlust, Kummer, Niederlage, Schmerz, Trauer, Abschied.
Umgekehrte Bedeutung: Akzeptanz, Perspektivwechsel, Loslassen, Vergangenheitsbewältigung.

SECHS DER KELCHE

Eine märchenhaft schöne Szene: Eine Frau liegt entspannt auf einer Wiese beobachtet drei winzige, unbekümmerte Kinder, die vor ihr spielen. Während sie deren unschuldiges Tun genießt, erinnert schwelgt die Protagonistin in Erinnerungen an ihre eigenen, längst vergangenen Unternehmungen in der Kindheit. Die Kinder teilen sich friedlich sechs verschiedenfarbige Luftballons. Die Zeit des Kummers ist vorbei, die Angst vor Enttäuschungen überwunden. Im Haar der jungen Frau sehen wir frische grüne Pflänzchen – Zeichen für positive neue Gedanken. Die Karte lädt dich ein, dein Leben zu genießen. Dich selbst anzunehmen – deinen Körper, deine Gefühle, deine Erotik und dich vom Leben verwöhnen zu lassen. Es ist deine Aufgabe, gut für dich selbst zu sorgen. Mit deiner Liebe zum Leben und deine Annahme dessen, was ist, legst du den Grundstein für deine dich heilende Lebensfreude.

Aufrechte Bedeutung: Nostalgie, liebe Erinnerungen, Zuneigung, Vertrauen, Unschuld, Verspieltheit.
Umgekehrte Bedeutung: Zynismus, Egoismus, in der Vergangenheit lebend.

SIEBEN DER KELCHE

Auf dieser Karte sehen wir eine Frau in einer traumähnlichen Szene. Sie liegt auf einem Wolkenbett im dunkelblauen Himmel und ihr langes, rotbraunes Haar schwebt schwerelos durch die Nacht. Sie schaut zu sieben leuchtenden Sternen auf, die ihre Optionen und Wahlmöglichkeiten symbolisieren, die sie im Leben treffen kann. Mit ihrem Zauberstab wählt sie einen Stern aus, aber ist er wirklich der Richtige? Vielleicht ist er gar nicht in der Lage, all ihre langgehegten Sehnsüchte zu erfüllen? Erst wenn unsere Protagonistin aus ihrem traumartigen Zustand der Illusionen aufwacht und sich auf das konzentriert, was gut für sie ist, wird sie wissen, welcher Stern zu ihr passt. Die Karte will dich aufrütteln, denn auch du versuchst mit Ablenkungsmanövern eine alte Wunde zu verdecken. Oder fehlt dir der Mut, eine verantwortungsbewusste Entscheidung zu treffen? Was wünschst du dir wirklich? Was tust du dafür, diese Ziele im wirklichen Leben auch zu erreichen?

Aufrechte Bedeutung: Fantasien, Illusionen, Träumerei, trügerische Hoffnungen, Flucht vor der Wirklichkeit, überwältigende Entscheidungen.
Umgekehrte Bedeutung: Ausrichtung, persönliche Werte, schwere Entscheidungen, Chaos.

ACHT DER KELCHE

Die Acht der Kelche zeigt eine Frau, die als Rock einen Marienkäfer mit acht schwarzen Punkten auf dem Rücken trägt. Die Frau betrachtet acht paarweise angeordnete Tiere: zwei Schwäne, zwei Libellen, zwei Singvögel und zwei Motten. Sie selbst ist allein, enttäuscht vom Leben und fühlt sich ausgebrannt. Ihr Leben verlief anders als sie es gewünscht hat, vergebens hat sie Erfüllung gesucht. Sie muss nun weiterziehen, muss das fehlende Element in ihrem Leben suchen. Das Wasser unter ihr steht für ihren unruhigen emotionalen Zustand. Der Pfad der Felsen, auf dem sie geht, verdeutlicht die herausfordernde Reise, auf die sie sich jetzt begibt. Die Karte fragt dich, ob du eventuell an deiner inneren Wahrheit vorbeilebst. Die Acht der Kelche ist das Ergebnis deiner Selbstüberforderung, du hast deine eigenen Grenzen nicht geschützt, hast dich in der Fürsorge für andere verausgabt. Nun bist du erschöpft, denn obwohl du viel gegeben hast, kam wenig zu dir zurück. Such dir ein anderes Umfeld, in dem du Wertschätzung erfährst. Löse dich aus verhärteten Beziehungen. Lerne Nein zu sagen, wenn dein Herz dir dazu rät.

Aufrechte Bedeutung: Enttäuschung, Grenzen zeigen, Erschöpfung, Loslösen, Weitergehen.
Umgekehrte Bedeutung: Unentschlossenheit, Beharrlichkeit, Festhalten an dem, was war.

NEUN DER KELCHE

Wir sehen eine glückliche Frau, die mit sich selbst im Reinen ist. Ein goldener Fächer mit neun aneinandergereihten Kelchen in ihrer Hand signalisiert emotionale Erfüllung und spirituellen Reichtum. Ihr Haar ist mit bunten Blumen geschmückt, im Hintergrund sind weitere luxuriösere Pflanzen zu sehen, die sie sorgfältig mit ihrem rechten Arm schützt. Diese Frau erfreut sich an der Schönheit, die sie in ihrem Leben kultiviert hat. Diese Karte steht für Erfüllung. Du hast allen Grund, glücklich zu sein – mach Freude zur Richtschnur deines Lebens. Sie führt dich zu deiner Bestimmung. Dabei geht es nicht um oberflächliche Vergnügungen, sondern eine tiefe Zufriedenheit, die aus deinem Herzen kommt. Teile die dir zuteil gewordenen Segnungen und Weisheiten mit anderen, auf das sie sich vermehren. Dankbarkeit und Freude bringen dich in Resonanz mit Menschen und Geschehnissen, die dein Leben bereichern. Verstehe: Es ist dein Geburtsrecht glücklich zu sein.

Aufrechte Bedeutung: Zufriedenheit, Freude, Wunscherfüllung, Vergnügen, Dankbarkeit.
Umgekehrte Bedeutung: Arroganz, Selbstgefälligkeit, Stolz, Horten.

ZEHN DER KELCHE

Die Zehn der Kelche ist eine Szene voller Frieden und Harmonie. Ein Paar – halb Mensch, halb Fisch – taucht aus dem Meer auf, um einen Regenbogen zu betrachten, der den Himmel erhellt. Sie sind durch wahre, ewige Liebe verbunden. Ihre zehn kleinen Jungfische sind unter dem pflanzenähnlichen Kleid der Mutter geschützt. Alle Familienmitglieder wirken glücklich, alles ist im Zustand emotionaler Ausgeglichenheit. Diese Karte strahlt Seelenfrieden aus. Schon in der Bibel ist der Regenbogen ein Symbol der Versöhnung und Verbundenheit. Auch du darfst hoffnungsvoll in die Zukunft schauen. Alles ist im Fluss. Entspann dich und genieße diese wunderbare Zeit. Tu einfach, was dir Freude bereitet und fühl dich geliebt.

Aufrechte Bedeutung: Glückseligkeit, Familie, Harmonie, Zufriedenheit, Schutz, Segen.
Umgekehrte Bedeutung: Mangel an Dankbarkeit, Egoismus, Familien-Probleme.

PAGE DER KELCHE

Der Page der Kelche trägt ein geblümtes Kleid, ihr Haar fließt wellenartig auf ihrem Rücken. Die Schöne sitzt am Meer und blickt versonnen auf eine Tasse in ihrer Hand, aus der überraschenderweise ein Fisch bewundernd zu ihr hochschaut. Schon seit ewigen Zeiten gilt das Meer als Symbol des Weiblichen, als Symbol des Ursprungs und als Quelle der Intuition. In diesem ganz besonderen Moment scheinen das Mädchen und der Fisch ein intimes Band der Freundschaft miteinander zu teilen. Diese Karte will dich daran erinnern, mehr auf dein Bauchgefühl zu achten. Intuitiv weißt du, welche Menschen zu dir passen, mit wem eine tiefe Verbundenheit möglich ist. Vertrau dir selbst und du wirst wunderbare, ungewöhnliche Dinge in dein Leben ziehen.

Aufrechte Bedeutung: Intuition, Verbundenheit, Intimität, Freundschaft, Bewunderung.
Umgekehrte Bedeutung: Angst vor Intimität, fehlende Empathie, emotionale Distanz.

RITTER DER KELCHE

Auf einem schwimmenden Lotos, dem Symbol für Spiritualität und Kunst, spielt der Ritter der Kelche auf seinem Herzen eine berührende Melodie. Auf der Stirn der schönen Frau erkennen wir ein Bindi, das zur Öffnung des Dritten Auges getragen wird. Diese Frau ist in Kontakt mit ihrer Intuition und ihren Gefühlen. Der Himmel ist voll strahlender Sterne, die für die Erleuchtung dieser in sich ruhenden Gestalt stehen. Du bist auf dem richtigen Weg, konzentriere dich auf die Stimme in dir, lass dich von deiner Intuition führen und achte auf die spirituellen Zeichen auf dem Weg. Dort, wohin dein Herz dich jetzt führt, warten wertvolle Erfahrungen auf dich.

Dir werden Menschen begegnen, die für deine weitere Entwicklung wichtig sind. Lass dich ein auf das, was jetzt mit dir geschieht.

Aufrechte Bedeutung: Feinheit, Sensibilität, tiefe Gefühle, inneres Wachstum, Aufwachen, Ankommen.
Umgekehrte Bedeutung: starkes Ego, emotionale Instabilität, Selbstverliebtheit.

KÖNIGIN DER KELCHE

Wie hingegossen sitzt eine wunderschöne Frau auf einer Muschel auf dem Meeresboden. Sonnenstrahlen durchdringen die Tiefe und hüllen die Königin in ein sanftes, goldenes Licht, das ihre Wärme und ihren fürsorglichen Geist offenbart. Auf ihrem Schoß liegt ein Seepferdchen, das sie schützend umarmt. Das Wasser steht für die Tiefe ihrer Emotionen. Die Königin der Kelche verkörpert eine überaus sensible und empathische Persönlichkeit. Sie ist der Ausdruck echter Liebe., die Regentin der Ahnungen, Gefühle und Spiritualität. Ihre Tentakel schweben sanft durch das Wasser und zeigen, dass die Königin mit der Natur und ihren eigenen Empfindungen im Einklang ist. Die Karte erinnert dich daran, dass es wichtig ist Liebe zu geben, sie großzügig mit anderen zu teilen – aber auch Liebe zu empfangen. Öffne dich für deine Herzensmenschen, kümmere dich liebevoll um andere und liebe dich selbst. Denn nur dann kannst du wie eine Königin deine göttliche weibliche Kraft mit anderen teilen.

Aufrechte Bedeutung: Bedingungslose Liebe, Fürsorge, Empathie, Selbstliebe, Güte.
Umgekehrte Bedeutung: Emotionale Verstrickung, Egoismus, mangelnde Sensibilität

KÖNIG DER KELCHE

Der König der Kelche steht in einer hellen Landschaft. In seiner rechten Hand hat er ein Segelschiff, das er auch bei schwerem Seegang im Gleichgewicht hält. Ein Zeichen dafür, dass der Regent seine Emotionen gut im Griff hat. Sein Gewand zeigt das aufgewühlte Meer mit großen Fischen – auch sie stehen für starke Gefühle. Denn das Meer ist die Wiege allen Lebens; doch seine Tiefen sind für uns Menschen unergründlich. Die Karte deutet an, dass es auch in dir brodelt. Vielleicht hat dich jemand verletzt oder du haderst mit dir selbst. Auf jeden Fall ist dein inneres Gleichgewicht gestört. Aber wie der König hast auch du die Kontrolle über das, was geschieht. Bevor du vorschnell handelst, zieh dich besser zurück und versuche, zur Ruhe zu kommen. Bleib bei dir. Meditiere, geh spazieren, male. Und finde zurück in deine Mitte.

Aufrechte Bedeutung: Ausgleichendes Verhalten, Selbstdisziplin, Innere Gleichgewicht, Diplomatie.
Umgekehrte Bedeutung: Instabil, emotionale Unbeständigkeit, Intoleranz.

WEIBLICHER KÖNIG DER KELCHE

Der weibliche König der Kelche wird durch eine Frau dargestellt, die inmitten einer stürmischen See steht. Ihre Krone ist ein riesiger Oktopus, dessen Tentakel jeden erreichen und allen helfen können, die sich in Seenot befindet. Raue Wellen und fliegende Schwalben symbolisieren widerstreitende Gefühle und starke Emotionen. Doch das Kleid der Monarchin ist wie eine Klippe, die jeder Welle standhält. Sie hat eine solide Basis, und nichts kann ihre innere Balance stören. Anstatt gegen das Riff zu krachen, können sich Schiffe mit der Führung dieses Königs durch den Felsen bewegen. Die diplomatische und fürsorgliche Regentin wird alles dafür tun, um Menschen in Not zu helfen. Die Karte sagt dir: Du bist stark, auch wenn du momentan mit heftigen Gefühlen konfrontiert wirst, kannst du dir vertrauen. Du wirst die richtigen Entscheidungen treffen und die Wogen glätten. Empathisch, fürsorglich und zum Wohle aller.

Aufrechte Bedeutung: Empathie, Annehmen, Stabilität, Diplomatie, Beständigkeit.

Umgekehrte Bedeutung: Stimmungsschwankungen, emotionale Unbeständigkeit, Intoleranz.

ASS DER SCHWERTER

Das Ass der Schwerter zeigt einen Mann, der einen großen goldenen Schlüssel in seinen Händen hält. Er blickt dem Betrachter mit klaren, offenen Augen entgegen. Sein Gewand ist mit funkelnden Sternen geschmückt, die das göttliche Universum symbolisieren. Der Mann trägt einen Hut in der Spiralform einer Meeresschnecke. In seiner Mitte befindet sich ein kleines Schlüsselloch, das ein Portal zur Weisheit des gesamten Universums darstellt. Der goldene Schlüssel, den der Protagonist in seinen gefalteten Händen hält, ist ein Symbol für Verstand und Intellekt. Wer immer den Schlüssel besitzt, verfügt über unbegrenztes Wissen und hat Zugang zu großer Weisheit. Die hohen Berge im Hintergrund stehen für die Herausforderungen, denen sich der Besitzer stellen musste, bevor er in den Besitz des goldenen Schlüssels gelangte. Das Ass der Schwerter symbolisiert die unsichtbare, geheimnisvolle Welt der Gedanken und Ideen, der Vernunft und des Intellekts. Doch zu wahrer Weisheit gehört das tiefe Verständnis von Richtig und Falsch. Mitgefühl. Und die Erkenntnis, dass wir nur mit dem Herzen gut sehen.

Aufrechte Bedeutung: Geistige Kraft, mentale Klarheit, Einfallsreichtum, Stärke, Erkenntnisse.
Umgekehrte Bedeutung: Verwirrung, Mangel an Mitgefühl, Arroganz.

ZWEI DER SCHWERTER

Diese Frau, die sich uns zuneigt, scheint irgendwie festzustecken. Sie wirkt gedankenverloren, scheint nach einer Lösung zu suchen. Das Problem wird durch die beiden Vögel symbolisiert, die auf dem hölzernen Hut der Frau sitzen, der gleichzeitig ein Vogelhaus ist. Die Vögel streiten darüber, wer hinein darf. Da sie sich nicht entscheiden können, müssen beide in der kalten Nacht draußen bleiben. Die Augen der Frau sind mit Blättern bedeckt, was auf ihre Unfähigkeit hinweist, die Dinge klar zu sehen und sich mit ihren emotionalen Schwierigkeiten erfolgreich auseinanderzusetzen. Diese Karte will wissen, wie es dir geht. Was fehlt dir, um ein Leben in Harmonie und Frieden führen zu können? Wonach sehnt sich dein Herz? Frag es, und der Kampf, der in dir tobt, wird aufhören.

Aufrechte Bedeutung: Zweifel, Sackgasse, Unentschlossenheit, Orientierungslosigkeit.
Umgekehrte Bedeutung: Analyse der Fakten, Verwirrung, übereilte Entscheidungen.

DREI DER SCHWERTER

Drei Pfeile treffen einen Mann mitten ins Herz. Dargestellt wird dieses durch eine große rote Rose, die für die Liebe und Leidenschaft des Protagonisten steht. Die Pfeile, die für schmerzhafte Worte oder Handlungen stehen, haben seine Gefühle verletzt. Seine Augen sind geschlossen, und Tränen laufen über sein Gesicht. Der Angriff scheint unerwartet gekommen zu sein, denn der Mann hat sich nicht geschützt – seine Geste wirkt eher einladend als abwehrend. Diese Karte will dir sagen, dass du selbst deine Situation ändern kannst, indem du dir jetzt die Zeit nimmst, über die wunden Punkte in deinem Leben nachzudenken. Indem du akzeptierst, dass du kein Opfer bist, sondern die Fähigkeit besitzt, zu vergeben und nach vorn zu blicken, kannst du dich selbst heilen. Kummer kann dann indirekt eine Transformation bewirken und dir offenbaren, wie stark und lichtvoll du in Wahrheit bist.

Aufrechte Bedeutung: Verrat, Herzschmerz, Trauer, Kummer, Ablehnung, Verlust.
Umgekehrte Bedeutung: Zusammengehörigkeit, Versöhnung, Vertrauen, Vergebung.

VIER DER SCHWERTER

Wie hingegossen liegt eine Frau auf der Mondsichel oben am Himmel. Sie hat ihren besonderen Platz gefunden, an dem sie losgelöst von irdischen Problemen ihren Gedanken nachhängen und träumen kann. Wolken schirmen sie ab vor Lärm und anderen Ablenkungen. Vier Federn fallen sanft vom Himmel und spiegeln die friedliche Atmosphäre wider, von der sie umgeben ist. An diesem Ort findet die Frau vollkommene Ruhe und Stille, um Körper, Geist und Seele wieder in Einklang zu bringen. Diese Karte sagt dir: Du hast alles Erforderliche getan und deine Klarheit zurückgewonnen. Gönne dir eine Erholungspause und warte ab, bis sich alle Wogen geglättet haben. Deine Erfolgschancen sind gut.

Aufrechte Bedeutung: Erholung, Auszeit, Meditation, Besinnung, Erholung, Ruhe.
Umgekehrte Bedeutung: Erschöpfung, Stress, Überlastung, Überforderung.

FÜNF DER SCHWERTER

Auf dieser Karte sehen wir ein Paar nach einem Streit. Der Mann hat den Kampf verloren und sich selbst in den Schatten gestellt. Seine Gefühle sind schwer verletzt – eine große klaffende Wunde in der

Herzregion wurde mit fünf scharlachroten Stichen genäht. Die Frau hat gesiegt und steht im Rampenlicht. Sie trägt ein rotes Kleid, ein Symbol für Drama und emotionale Konflikte. In der einen Hand hält sie ein Stück der Wunde, die sie dem Herzen ihres Kontrahenten zugefügt hat. In der anderen sehen wir eine große Blume, die ihren Triumph symbolisiert. Die weiße Blüte verdeckt die Hälfte ihres Gesichts und deutet damit an, dass sie um jeden Preis gewinnen wollte, ohne Rücksicht auf den Schmerz, den sie ihrem Partner dadurch zugefügt hat. Die Fünf der Schwerter steht für die Furcht vor einer Niederlage. Die Karte fragt dich, vor welchen schmerzlichen Erfahrungen du dich fürchtest. Gibt es Menschen, zu denen du auf Abstand gehen solltest, weil sie dich immer wieder verletzen? Konzentriere dich auf die positive Kraft in dir und zieh dich zurück bis du dein inneres Gleichgewicht wiedergewonnen hast.

Aufrechte Bedeutung: Konflikt, Niederlage, Egoismus, unfaire Kämpfe.
Umgekehrte Bedeutung: Integrität, Versöhnung, Harmonie, Kompromiss.

SECHS DER SCHWERTER

Eingehüllt in eine dunkle Wolke schwebt eine junge Frau über das Meer. Sie sieht besorgt aus, scheint zu trauern. Sechs Wolken, die sie begleiten, tragen all die Ängste und den Kummer der Frau. Sie greift nach einem Seil, das oben an einem Stern und unten an einem Anker befestigt ist. Offenbar hofft sie, dass der Stern ihr den Weg zu einem neuen Ort weisen wird, an dem sie sich von ihrem Schmerz befreien und heilen kann. Die Karte zeigt dir, dass du dank deines großen intuitiven Wissens eine Lösung für deine Probleme finden wirst. Gib dir selbst die Zeit und den Raum, um Klarheit zu gewinnen. Du kannst erreichen, wonach du dich sehnst, indem du dich selbst erkennst.

Aufrechte Bedeutung: Übergang, Sorgen, Erholung, Perspektivwechsel, Besinnung, Hoffnung.
Umgekehrte Bedeutung: Opferrolle, Ausweglosigkeit, Verzweiflung, Festhalten.

SIEBEN DER SCHWERTER

Die Sieben der Schwerter zeigt eine Frau auf einer Wiese. Gerade hat sie fünf Eier aus einem Vogelnest gestohlen. Mit diesen will sich die Diebin nun davonschleichen. Zwei Eier lässt sie zurück. Ihren wahren Charakter versteckt die Frau hinter ihrer Schönheit und Oberflächlichkeit. In Wahrheit ist sie eine Schlange, aber sie tarnt sich gut. Ihre Haut hat sie mit Blättern und Blumen bedeckt, so dass niemand ihre wahre Natur erkennen kann. Die Karte fragt dich, ob nicht auch du von deinem Weg abgekommen bist. Bist du deinen Idealen und Werten treu geblieben? Es kann aber auch sein, dass die Karte dich warnen will, weil in deinem Umfeld jemand versucht, sich deine Ideen anzueignen oder dir in anderer Form zu schaden. Sei achtsam, handele bewusst.

Aufrechte Bedeutung: Täuschung, Manipulation, Unaufrichtigkeit, List, Diebstahl.
Umgekehrte Bedeutung: Ehrlichkeit, Vorsicht, Verantwortung übernehmen.

ACHT DER SCHWERTER

Ein Engel mit großen Flügeln ist in einem Vogelkäfig gefangen, der von acht Bäumen umgeben wird, die ihn wie Wächter bewachen. Zusammengekauert hockt er in seinem Gefängnis. In seiner Verzweiflung bemerkt er nicht, dass das Käfigdach geöffnet ist. Er könnte jederzeit fliehen, doch er ist so in seinen Schmerz versunken, dass er den Ausweg nicht bemerkt. Würde er nur einmal sein Haupt zum Sternenhimmel erheben, wäre das Elend vorbei. Die Karte will dich daran erinnern, dass auch du dazu neigst, dir manchmal das Leben unnötig schwer zu machen. Du verlierst dich in Grübeleien und verlierst den Blick für all das Schöne um dich herum.

Befreie dich aus deinem Gedankengefängnis und übernimm wieder Verantwortung für dein Leben!

Aufrechte Bedeutung: Verzweiflung, Einschränkung, Ohnmacht, Selbstquälerei.
Umgekehrte Bedeutung: Fokussiert auf Lösungen, Befreiung, klare Entscheidungen.

NEUN DER SCHWERTER

Eine Frau schreckt mitten in der Nacht aus einem Albtraum hoch. Ihr Zimmer hat sich in einen dunklen und beängstigenden Ort verwandelt. Die Protagonistin ist von Angst und Sorgen geschüttelt. Neun Augenpaare finden sich auf ihrem Körper, so dass sie sich ständig beobachtet fühlt und nicht zur Ruhe kommt. Sie ist nackt, schutzlos – eine Gefangene ihrer dunklen Gedanken. Doch ihre Bettwäsche hat ein wunderschönes Blumenmuster und auch im Hintergrund sind auf der linken Seite üppige rosafarbene Blüten erkennbar. Die Karte sagt dir: Du fürchtest dich nicht vor realen Bedrohungen, sondern du hast dich verstrickt in düstere Zukunftsfantasien. Sobald du das Leben in all seiner Vielfalt mit Liebe willkommen heißt, wird sich alles zum Besten wenden.

Aufrechte Bedeutung: Angst, Sorge, Albträume, Qual, Verzweiflung, Not.

Umgekehrte Bedeutung: Seelenfrieden, neue Perspektive, Objektivität, Loslassen.

ZEHN DER SCHWERTER

Diese Karte zeigt eine Frau, der zehn Nadeln in den Kopf gestochen werden. Ihr Gesicht zeigt deutlich wie sehr sie leidet. Die Menschen, die sie so grausam behandeln, bleiben verborgen – wir sehen nur ihre Hände. Diese Karte spricht von Verrat und tiefen Wunden. Doch die Nadeln sind keine realen Folterwerkzeuge, sondern fungieren als Symbole für die konstruktive, aber eben auch für die zerstörerische Macht unserer Gedanken. Die Karte fordert dich auf, dich radikal von der Macht deines Egos zu befreien, das dir ständig negative, quälende Gedanken einflüstert. Hör auf dir ständig den Kopf über Probleme zu zermartern oder dir Sorgen zu machen. Akzeptiere, was geschehen ist. Leiste keinen Widerstand. Und dann konzentriere dich auf das Positive, suche dir Menschen, die dir helfen, deine Lebensfreude wiederzufinden.

Aufrechte Bedeutung: Endzeitstimmung, Depression, intellektuelle Überlastung, Sorgen machen.
Umgekehrte Bedeutung: Ermächtigung, Genesung, Akzeptanz.

PAGE DER SCHWERTER

Der Page der Schwerter steht ganz im Zeichen der Intelligenz und des Wissensdurstes. Wir sehen einen jungen Studenten mit einem Doktorhut, der auf einem hohen Bücherstapel steht. Der junge Mann ist stolz auf seine bisherigen Leistungen, seine Ziele sind jedoch deutlich höhergesteckt. Der gigantische Löwenzahn in seiner Hand steht für die weitreichenden Pläne, die den jungen Mann dazu inspirieren, dem Leben mit seinen Gaben der Vernunft, der Einsicht und der Integrität zu begegnen. Diese Karte sagt: Du besitzt die Fähigkeit, intuitiv größere Zusammenhänge zu erfassen. Du hast viel Wissen angesammelt, jetzt ist die Zeit gekommen, es anzuwenden, um deine Träume wahr werden zu lassen. Brich auf zu neuen Ufern.

Aufrechte Bedeutung: Intelligenz, Wissbegierde, persönliches Wachstum, Intuition, Freiheit.
Umgekehrte Bedeutung: unbedachte Handlungen, Engstirnigkeit, Oberflächlichkeit.

RITTER DER SCHWERTER

Dieser weibliche Ritter der Schwerter gleitet auf einer Feder wie eine Surferin durch einen rauen, stürmischen Himmel. Die Wolken stellen die Aura der Energie dar, die sie umgibt, und die Feder symbolisiert die Konzentration und das fantastische Reaktionsvermögen. Der Nachrichtenausschnitt auf ihrem Kleid bezieht sich auf die Gleichberechtigung der Frau – eine Sache, für die sie sich einsetzt. Dieser weibliche Ritter kämpft mit Worten – und sie will ihre Kontrahenten mit ihrer Intelligenz besiegen. Ihre Waffe, eine Feder, hält sie hoch in den Himmel und zerschneidet die Wolken des Widerstands in Stücke. Nichts kann sie in ihrem ehrgeizigen Einsatz für die Sache aufhalten. Was diese Karte dir sagen will ist: Auch bist eine Kämpfernatur, setzt deine Worte, Ideen und deinen Intellekt wie Schwerter ein, wenn du ein Ziel erreichen willst. Aber mach dich auf starken Gegenwind gefasst. Lass dich nicht zu unbedachten Handlungen hinreißen. Wenn du in deiner Mitte und gegenwärtig bleibst, wirst du erfolgreich sein.

Aufrechte Bedeutung: Diskussion, Streit, Ehrgeiz, Engagement, Intelligenz, selbstbewusst.
Umgekehrte Bedeutung: Diplomatie, Zögern, Selbstzweifel, Angepasstheit.

KÖNIGIN DER SCHWERTER

Die Königin der Schwerter thront auf einem Ballon hoch oben am Himmel – und doch ist sie durch die

Schnüre ihres Gefährts verbunden. Durch ihr Fernrohr blickt sie in die Zukunft, sucht nach Wahrheit und Erkenntnis. Sie trägt ein blaues Kleid, das ihre tiefe geistige Klarheit verdeutlicht. Vögel – Symbole der freien Gedanken und der Transzendenz – bewohnen den Ballon. Einer hat sich auf ihrer Hand niedergelassen, ein Zeichen dafür, dass auch die Königin in ihrem Herzen ein Freigeist ist. Diese Karte sagt dir, dass deine Aufgabe darin besteht, Herz, Kopf und Intuition in Einklang zu bringen. Dann wirst du alle anstehenden Aufgaben souverän meistern können. Falls du gerade vor einer wichtigen Entscheidung stehst, nimm dir eine kurze Auszeit und ruf dir deine Werte, deine Träume, deine Lebensziele ins Gedächtnis. Was willst du wirklich? Du kennst die Antwort.

Aufrechte Bedeutung: Unabhängigkeit, ehrliche Kommunikation, Wahrheitssuche, Gradlinigkeit.
Umgekehrte Bedeutung: Drama-Queen, Selbstgerechtigkeit, Arroganz.

KÖNIG DER SCHWERTER

Auf dieser Karte ist der König der Schwerter als ein japanischer Samurai dargestellt. Er ist eine angesehene, geschätzte Autorität. Ein Meister im Umgang mit dem Schwert, das seine geistige Stärke repräsentiert.

Egal, mit welchem Problem er konfrontiert werden mag, er wird mit seinem messerscharfen Verstand eine Lösung finden. Das Auge des Vogels spiegelt seine Fähigkeit wider, rasch und intuitiv zu reagieren. Die blaue Farbe, die ihn umgibt, symbolisiert die Klarheit des königlichen Wissens. Diese Karte zeigt dir: Du kannst brillante Analysen erstellen, dein Intellekt ist beeindruckend. Doch bist du wirklich der, der du sein wolltest? Ist es nicht an der Zeit, eingefahrene Denkmuster loszulassen? Du kannst all das erreichen, wovon du schon immer geträumt hast. Nutze dein Wissen, aber hör auch auf deine Intuition.

Aufrechte Bedeutung: Klugheit, Weisheit, analytisches Denken, Strategie, Ethik, Einfühlsamkeit.
Umgekehrte Bedeutung: Kopfmensch, Machtmissbrauch, blinder Aktionismus.

WEIBLICHER KÖNIG DER SCHWERTER

Statt eines Schwertes reckt dieser weibliche König der Schwerter eine große Nadel in den Himmel. Diese Nadel ist so scharf, dass die Regentin die leuchtenden Sterne aus dem Universum berühren und an das glitzernde Kleid nähen kann. Die Krone zeigt, dass sie über außerordentliche intellektuelle Fähigkeiten und geistige Klarheit verfügt. Sie hat die Autorität, die die

Menschen dazu bewegt, ihr zuzuhören, und sie kann die Wahrheit in allen Dingen sehen. Die Sterne symbolisieren das unendliche Wissen des Universums. Diese Karte erinnert dich daran: Alles ist in dir. Du schaffst dir dein eigenes Universum mit deinen Gedanken. Und je bewusster und liebevoller diese sind, desto schöner wird deine Welt auch im Außen sein.

Aufrechte Bedeutung: Weisheit, Intelligenz, Empathie, Ethik.
Umgekehrte Bedeutung: Übermäßig analytisch, Machtmissbrauch, Verwirrung, übereiltes Handeln.

ASS DER SCHEIBEN

Diese Karte zeigt uns eine elegant gekleidete Frau, die in einem blühenden Garten sitzt. Sie betrachtet einen jungen Farn, der sich gerade seinen Weg ans Licht bahnt. Während die Pflanze in die Höhe wächst, entfalten sich die Blätter in einem spiralförmigen Muster, das ihr Potential darstellt. Die Protagonistin ist die Hüterin des Gartens, sie soll sich um die Pflanzen kümmern und sie in ihrer Entwicklung unterstützen. Es wird Zeit und Mühe kosten, das symbolisiert der Weg, den der Farn zurücklegen musste, um an die Oberfläche zu gelangen. Die Karte ist ein Hinweis für dich, dass du alle Voraussetzungen für inneren und äußeren Reichtum besitzt. Mehr noch: Dir wurde eine besondere Gabe verliehen, ein Verständnis für all die Dinge, die im Verborgenen blühen. Je stabiler deine Wurzeln sind, desto höher kann sich dein Geist entwickeln. Mit deinen geistigen Kräften vermagst du die materielle Welt zu durchdringen und zu prägen. Und du wirst ernten, was du gesät hast.

Aufrechte Bedeutung: Stabilität, Chancen, Wachstum, Leistung, Belohnung.
Umgekehrte Bedeutung: Realitätsverlust, falsche Entscheidungen, Perspektivlosigkeit.

ZWEI DER SCHEIBEN

Auf dieser Karte sehen wir eine Frau, die auf dem Dach eines Hochhauses balanciert. Dabei jongliert sie mit zwei Bällen auf dem Unendlichkeitszeichen – ein Symbol für die Einheit des Universums und des ewigen Wissens. Wir sehen, dass diese Frau mit Eleganz und Anmut alle möglichen Herausforderungen bewältigen kann. Das Stadtbild mit zahlreichen hohen Gebäuden im Hintergrund spiegelt das geschäftige Leben wider, das sie führt, und veranschaulicht ihre Fähigkeit, mit den Höhen und Tiefen des Lebens umzugehen. Die Karte kündigt an, dass auch auf dich einige Veränderungen und Aufgaben zukommen, die du aber mit Leichtigkeit meistern kannst. Reagiere flexibel auf die Chancen, die sich dir bieten. Und vertraue darauf, dass dieser Wandel dir viel Positives bringen kann.

Aufrechte Bedeutung: Flexibilität, Kreativität, Gleichgewicht, Anpassungsfähigkeit.
Umgekehrte Bedeutung: Zweifel, Misstrauen, Stagnation, Stillstand.

DREI DER SCHEIBEN

Die Drei der Scheiben zeigt zwei Papageien, die einem jungen Mädchen dabei helfen, eine Blume aus Ziegelsteinen zu bauen. Alle drei Figuren arbeiten als Team, jeder trägt etwas Nützliches zum Gelingen des Projektes bei. Weil die Drei sich gegenseitig respektieren und das Wissen der anderen schätzen, werden sie gemeinsam erfolgreich sein. Die Karte weist dich darauf hin, welch enormes Entwicklungspotential du besitzt, wenn du dich voll und ganz für das engagierst, was du tust. Dein Einsatz wird belohnt. Scheu keine Mühe und du wirst viel erreichen. Vielleicht musst du Prioritäten setzen. Doch indem du tust, wofür du brennst, wirst du Klarheit über deine Bestimmung gewinnen und Erfüllung finden.

Aufrechte Bedeutung: Teamwork, Durchhaltevermögen, Ziele erreichen.

Umgekehrte Bedeutung: Konkurrenz, Zwietracht, Richtungslosigkeit, Alleingang.

VIER DER SCHEIBEN

Eine Frau steht hinter dem Eingang ihres Grundstücks. Das Tor ist mit vier Schlössern gesichert, um alle auf Abstand zu halten. Die Frau drückt eine kleine Version ihres Hauses an ihren Körper. Sie ist sich bewusst, was sie im Leben erreicht hat, und möchte ihren Besitz schützen. In ihrer Fixierung auf ihr Vermögen läuft sie jedoch Gefahr, sich von ihrer Familie und Freunden zu entfremden. Aber wir sehen auch, wie viel Kraft und Vitalität diese Frau besitzt, wie selbständig und in sich gefestigt sie ist. Die Karte zeigt dir, dass du dich auf dich verlassen kannst. Du erreichst, was du willst. Doch sie stellt dir auch die Frage: Bist du der Mensch, der du sein willst? Wo könntest du dich für andere öffnen?

Aufrechte Bedeutung: Stabilität, Verwirklichung, Sicherheit, Ich-Stärke.
Umgekehrte Bedeutung: Isolation, Dominanz, Materialismus.

FÜNF DER SCHEIBEN

Auf dieser Karte erkennen wir eine Frau, die in einer kalten verschneiten Landschaft steht. Eine lange Reise hat sie all ihrer Energie beraubt. Sie wirkt erschöpft und ausgebrannt. Ihr Haar hat sich in trockene, knorrige Äste verwandelt und ihr Drahtkleid offenbart ihre innere Leere. Die dornige Rose in ihren Händen, die in einem Loch im Boden versinkt, symbolisiert einen schmerzlichen Verlust. Fünf Fenster darüber strahlen ein warmes, einladendes Licht aus. Sie sind Symbole der Hoffnung und der spirituellen Unterstützung. In ihrer Verzweiflung sieht sie jedoch nicht die Hilfe, die angeboten wird. Zu groß ist ihr Kummer. Diese Karte will dich trösten: Vielleicht hast du große Sorgen, befürchtest das Schlimmste. Vertraue dich anderen an. Sprich über deine Ängste, lass dich auffangen. Aber vor allem: Lass deine Gedanken zur Ruhe kommen, betrachte deine Situation mit ein wenig Abstand. Du wirst eine Lösung für dich finden.

Aufrechte Bedeutung: Verlust, Existenzängste, harte Zeiten, Unglück, Krankheit, Kämpfe.
Umgekehrte Bedeutung: Genesung, Vitalität, Ausdauer, Stärke, Belastbarkeit.

SECHS DER SCHEIBEN

Bei der Sechs der Scheiben geht es um Geben und Empfangen. Zwei Frauen halten ihre Tassen in der Hand und warten geduldig auf den Tee. Der Besitzer der Teekanne gießt sechs Tropfen in jede der beiden Tassen. Die auf der Oberfläche der Kanne abgebildete Waage steht für die Achtsamkeit des Mannes bei der Aufteilung. Jeder Tropfen ist wichtig, jeder Tropfen wird geschätzt. Diese Szene erinnert an eine japanische Teezeremonie. Alles strahlt Ästhetik und Konzentration auf das Jetzt aus. Die Karte erinnert dich daran, auch mit den kleinen Dingen achtsam umzugehen. Sei geduldig mit dir selbst und mit anderen. Es ist nicht wichtig, was gestern war, und du weißt nicht, was dich morgen erwartet. Dieser Moment ist kostbar und hat das Potential, alles zu verändern. Glaube an dich, deinen Erfolg und vergiss deine Zweifel.

Aufrechte Bedeutung: Hilfe, Unterstützung, Großzügigkeit, Erfolg, Verbundenheit.
Umgekehrte Bedeutung: Schulden, Geiz, Abhängigkeit, Vernachlässigung.

SIEBEN DER SCHEIBEN

Auf dieser Karte sehen wir eine Frau, die auf einem üppig blühenden Baum sitzt. Eine Harke lehnt am

Stamm und zeigt, dass sie ihre Arbeit im Garten beendet hat. Nun ruht sie sich aus. Auf ihrem Schoß hält sie eine riesige geschnittene Apfelhälfte mit sieben Kernen. Diese Kerne symbolisieren die Investitionen, die sie im Laufe der Jahre getätigt hat, und den potenziellen Gewinn, der daraus entstehen könnte. Hinter ihr liegt eine harte Zeit, nun kann sie in Ruhe darüber nachdenken, wie es weitergehen soll. Die Karte teilt dir mit: Vertraue dir selbst und deinen Fähigkeiten. Mit ein wenig Ausdauer erreichst du dein Ziel. Vergiss nie, du selbst bist Schöpfer deiner Realität. Äußere Hindernisse und Widerstände sind die Spiegelungen innerer Blockaden, die du auflösen kannst.

Aufrechte Bedeutung: Fortschritt, Anstrengung, Planung, Geduld, Ausdauer, Fleiß, Investition, Belohnung.
Umgekehrte Bedeutung: Faulheit, Versagen, Langeweile, Nachlässigkeit.

ACHT DER SCHEIBEN

Auf dieser Karte sehen wir eine Künstlerin auf einer Wiese mit sieben bunten Schmetterlingen. Konzentriert verziert sie die Flügel eines prächtigen achten Schmetterlings, der sich eng an sie geschmiegt hat. Dabei schenkt die Frau jedem noch so winzigen Detail Beachtung und scheint in ihrer Malerei völlig aufzugehen. Diese Karte teilt dir mit, dass deine Transformation bereits begonnen hat. Denn genau dafür stehen die Schmetterlinge. Dein Engagement zahlt sich aus, vergiss deine Selbstzweifel. Alles wird sich so entwickeln, wie es für dich am besten ist. Lass den Dingen einfach ihren Lauf. Es wird sich alles fügen, wenn du loslässt und dem Fluss des Lebens vertraust.

Aufrechte Bedeutung: Konzentration, Disziplin, Beherrschung, Ausdauer, Fleiß, Hingabe, Vertrauen.
Umgekehrte Bedeutung: Ungeduld, Apathie, Misstrauen, mangelnde Disziplin.

NEUN DER SCHEIBEN

Eine aparte Frau genießt die Schönheit ihres üppigen Gartens. Sie hat eine Reihe köstlicher Früchte ausgewählt, die sie in einer Schale auf dem Kopf trägt. Ihr farbenfroher Schmuck ist ein Symbol für ihren Reichtum; ihre Ohrringe und ihr Ring bestehen aus neun wunderschönen Steinmandalas. Die Frau hat ein gesundes Verhältnis zu Geld, und ihre finanzielle Unabhängigkeit erlaubt es ihr, die Früchte ihrer Arbeit zu genießen. Liebevoll schaut sie einen blauen Vogel an, der auf ihrer Hand sitzt – ein Symbol für die Freiheit der Seele. Die kleine Schnecke oben auf der Schale erinnert daran, dass der Weg zum Erfolg ein langsamer, oft mühseliger Prozess ist. Nun ist alles gut, die Ernte ist eingebracht Die Karte fordert dich auf, deinen Erfolg zu genießen und dich ein wenig auszuruhen. Deine Anstrengungen, dein Mut und dein Durchhaltevermögen zahlen sich nun aus. Feiere das Leben mit all seinen Facetten. Alles wendet sich zum Guten – auch wenn du dir das im Moment vielleicht nicht vorstellen kannst.

Aufrechte Bedeutung: Überfluss, Genuss, Erfolg, Glück, Fülle, Harmonie, Unabhängigkeit.
Umgekehrte Bedeutung: Völlerei, Dekadenz, Strenge, Zurückhaltung, Abhängigkeit.

ZEHN DER SCHEIBEN

Ein alter Mann sitzt auf einem riesigen Baumstamm, der seine Langlebigkeit symbolisiert. Zehn Ringe auf der Oberfläche des Stammes stehen für die Jahrzehnte, die der Mann auf der Erde verbracht hat, und für all seine Erfahrungen, die er in dieser Zeit sammeln konnte. Die Blumen, die den Stamm umranken, symbolisieren die komplizierten Wege, die das Leben nehmen kann – und zeigen durch ihre Üppigkeit auch dessen Schönheit. Durch die Baumringe sehen wir die größten Errungenschaften des Patriarchen: Er hat ein Haus gebaut, eine Familie gegründet und all seine Fähigkeiten genutzt. Nun blickt er zurück auf ein erfolgreiches, ein sinnerfülltes Dasein. Aus seiner gesicherten Position kann der Patriarch all seine Reichtümer mit anderen teilen. Was dir diese Karte sagen will ist: Du besitzt viele Talente, die du kreativ zum Wohle aller einsetzen kannst. Deine Begabungen helfen dir dabei, dich auf allen Ebenen des Seins weiterzuentwickeln. Die wahren Schätze findest du in deinem Inneren. Sei dankbar für all die Gaben, die dir zuteil geworden sind.

Aufrechte Bedeutung: Stärken, innerer und äußerer Reichtum, Überfluss, Stabilität, Talente.
Umgekehrte Bedeutung: Scheitern, Isolation, finanzielle Unsicherheit, Entwurzelung.

PAGE DER SCHEIBEN

Wir sehen ein Mädchen, das anmutig auf den Blättern einer Pflanze steht und vorsichtig eine Pfingstrosenblüte in den Händen hält. Auf dem Rücken trägt sie eine Gießkanne, denn ihre Aufgabe ist es, den Garten zu pflegen und für die Pflanzen zu sorgen. Die Blume symbolisiert einen Neuanfang des jungen Mädchens. Und die weißen Federn stehen für die Leichtigkeit, mit der sie ihre Chancen wahrnehmen kann. Auch du kannst jetzt in Ruhe deine nächsten Schritte planen. Die Karte zeigt, dass deine Bemühungen erfolgreich waren. Durch deine Hingabe an deine Arbeit, deine Aufgabe hast du erreicht, was dir am Herzen lag. Auch wenn du erschöpft bist, deine Mühe hat sich gelohnt. Was ist also dein nächstes Ziel? Was willst du noch erleben? Du hast viele Chancen – nutze sie weise.

Aufrechte Bedeutung: Selbsterkenntnis, Chancen, Impulse, neue Projekte, Selbstwert.
Umgekehrte Bedeutung: Unrealistische Pläne, Zögern, Selbstzweifel, verpasste Chancen.

RITTER DER SCHEIBEN

Dieser Ritter sitzt auf einem Pferd und wacht über ein frisch bestelltes Feld mit neuen Keimlingen. Jeder Schritt ist wichtig, denn die jungen Triebe dürfen nicht in ihrem Wachstum gestört werden. Die Reiterin ist konzentriert, in sich gekehrt. Überaus wachsam. Ihr Pferd besteht aus den Blättern einer Eiche – einem Symbol für Standhaftigkeit, Unsterblichkeit und Zuverlässigkeit. Auch wenn die Arbeit oft ermüdend ist, kommt der Ritter seiner Verantwortung nach und beschützt die jungen Pflanzen. Diese Karte will dir sagen, dass auch du fest im Sattel sitzt – du kennst deine Ziele, hast klare Visionen und weißt, was du willst. Mehr noch: Du kennst deine Stärken, aber auch deine Schwächen. Geduldig wartest du auf eine günstige Gelegenheit und wirst dann aktiv, wenn es sinnvoll ist. Sei zuversichtlich, alles entwickelt sich positiv.

Aufrechte Bedeutung: Zuverlässigkeit, Disziplin, Ausdauer, Beständigkeit.
Umgekehrte Bedeutung: Ablenkung, Langeweile, mangelnde Sorgfalt, Verantwortungslosigkeit.

KÖNIGIN DER SCHEIBEN

Wir sehen die Königin der Scheiben inmitten eines märchenhaft anmutenden Gartens. Der Rock ihres Kleides ist aus Tulpen gefertigt und verbindet sie mit der umgebenden Flora und Fauna. Dicht neben ihr hat sich eine Kaninchenfamilie, ein Symbol für Fruchtbarkeit, niedergelassen. Wie es einer wahren Königin gebührt, schützt sie das Nest mit den Kleinen. Die Königin trägt weiße Blumen in einem Korb, die für ihre Integrität und seelische Reinheit stehen. Diese naturverbundene Herrscherin ist sich ihrer Aufgaben als Regentin bewusst und arbeitet ernsthaft für das Wohl ihrer Untertanen. Diese Karte will dir zeigen: Auch wenn die Dinge vielleicht noch nicht ganz so laufen, wie du es dir wünscht, alles wird sich zum Guten wenden. Bleib achtsam und höre auf die Botschaften deines Herzens. Denk immer daran: Du bist eine Königin.

Aufrechte Bedeutung: Fruchtbarkeit, Reichtum, Naturverbundenheit, Pflichtbewusstsein, Großzügigkeit.
Umgekehrte Bedeutung: Anmaßung, Materialismus, Unruhe, Egoismus.

KÖNIG DER SCHEIBEN

Mit Anzug und Zylinder sieht der König der Scheiben wie ein verwegener Geschäftsmann aus. Selbstbewusst steht er auf dem riesigen Geweih eines Hirsches und kann mit jedem Problem meisterhaft umgehen. Der Hirsch ist als Krafttier ein Symbol für Stärke, Führung und Männlichkeit. Der Monarch ist gut durchtrainiert, so dass er mühelos die Balance auf den Geweihspitzen halten kann. Drei goldene Münzen mit dem Abdruck Caesars symbolisieren den finanziellen Erfolg des Regenten. Er hat als Regent alles im Blick. Die Karte will dich an deine eigene Stärke erinnern. Achte sowohl auf deine inneren Qualitäten als auch auf deine körperlichen Bedürfnisse. Übernimm wie ein König Verantwortung für dein Leben. Feiere dich für deine Erfolge und genieße sie mit all deinen Sinnen.

Aufrechte Bedeutung: Reichtum, Geschäftssinn, Disziplin, finanzielle Geschicklichkeit, Gewinner.
Umgekehrte Bedeutung: Anmaßung, Überheblichkeit, Statusabhängig, impulsiv.

WEIBLICHER KÖNIG DER SCHEIBEN

Diese Karte zeigt den weiblichen König der Scheiben in einem Garten, der von blühenden Blumen überzuquellen scheint. Alle Blüten haben runde goldene Mittelpunkte, die wie glänzende Goldmünzen aussehen. Sie repräsentieren den Reichtum und den Erfolg, den dieser König erreicht hat. Die Monarchin nimmt die goldenen Münzen in sich auf – dort, in ihrer Brust, sind sie gut aufgehoben. Ein Zeichen dafür, dass der weibliche König der Scheiben sein Vermögen klug verwaltet und durch intelligentes Management dafür sorgt, dass alles im Fluss bleibt. Auf ihrem Kopf befindet sich ein Schloss, das wie eine Krone mit ihrem Haar verbunden ist. Feine Lichterketten glitzern kunstvoll in der Hochsteckfrisur. Das alles steht für Stabilität und Sicherheit. Auch du hast offensichtlich ein gutes Gespür für erfolgreiche Transaktionen. Dein Fundament ist solide. Teile deine Schätze liebevoll mit anderen. Und erfreue dich an deinen materiellen, seelischen und spirituellen Reichtümern.

Aufrechte Bedeutung: Reichtum, Geschäftssinn, Managementfähigkeiten, Disziplin.
Umgekehrte Bedeutung: Miss-Management, Statusstreben, schlechtes Vorbild, Impulsivität.

DAS LEGEN DES TAROTS DER MYSTISCHEN MOMENTE

Wählen Sie aus, welche Version der Herrscher- und Königskarten Sie nutzen möchten. Entfernen Sie die alternativen Karten aus dem Stapel und legen Sie diese beiseite. Mischen Sie die 78 Karten, während Sie über die Frage nachdenken, die Sie beschäftigt. Ziehen Sie eine Karte aus der Mitte des Stapels. Legen Sie diese mit der Vorderseite nach oben auf Position 1, wie gezeigt. Ziehen Sie drei weitere Karten und legen Sie diese verdeckt ab, wie auf der Abbildung gezeigt. Drehen Sie jede Karte erst um, nachdem Sie die vorhergehende Karte betrachtet haben.

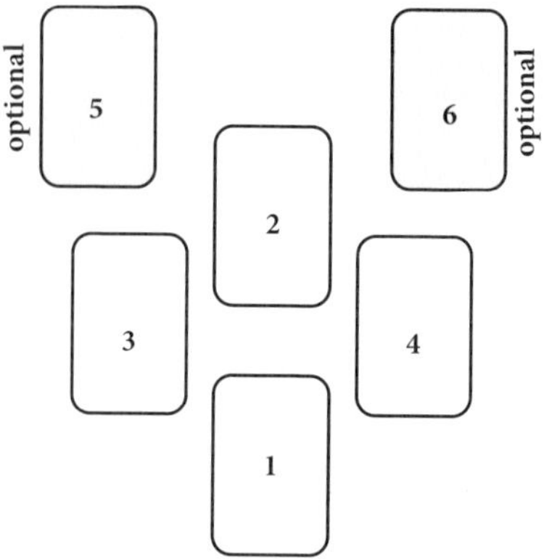

Karte 1: Wo sind Sie in diesem Moment (Emotional)?
Karte 2: Wo möchten Sie sich selbst finden (beruflich, romantisch, kreativ usw.)?
Karte 3: Welche Faktoren (und Personen) werden Ihnen helfen und Sie unterstützen?
Karte 4: Welchen Herausforderungen werden Sie sich stellen?

Zur weiteren Klärung Ihrer Ziele können Sie zwei zusätzliche Karten aus diesem Stapel oder aus dem *Orakel der Mystischen Momente* ziehen. Legen Sie eine Karte offen oben links auf Ihr Blatt und eine Karte oben rechts. Betrachten Sie die Botschaften und Bilder dieser Karten als zusätzliche Einsicht in Ihre Vision. Wo möchten Sie gern sein? Was wünschen Sie sich?

ÜBER CATRIN WELZ-STEIN

In meiner Kunst verwische ich die Grenzen zwischen Imagination und Realität, während ich das Frausein auf viele verschiedene Arten erforsche. Ich verleihe meinen Bildern gerne ein klassisches, ätherisches Gefühl. Während des kreativen Prozesses scanne ich alte Gemälde, Fotografien sowie Illustrationen. Ich arbeite digital und verwandle die Scans, indem ich sie zunächst auseinandernehme. Sie sind wie Puzzleteile, die ich zusammenführe, bis sie eine ganz neue Bedeutung offenbaren und eine unbekannte Geschichte erzählen. Ich habe mit der Erstellung digitaler Bilder begonnen, als meine Kinder zwei und vier Jahre alt waren. Zu dieser Zeit wollte ich unbedingt etwas Kreatives machen. Die Bilder halfen mir, mir meiner Gefühle und Sorgen bewusst zu werden. Ich hatte nicht vor, sie öffentlich zu machen; es waren sehr persönliche, private Bilder. Dann schuf ich Weihnachtskarten und schickte sie an meine Familie und Freunde. Ich war überrascht von den positiven Reaktionen, die ich bekam. Diese Bestätigung hat mich ermutigt, meine Bilder online zu veröffentlichen. Jetzt bin ich überwältigt von all den positiven Rückmeldungen, die ich erhalten habe! Es ist meine Motivation, mit meiner Arbeit fortzufahren. Ich fühle mich gesegnet, dass ich das Herz und die Seele so vieler Menschen erreichen kann.

Ich komme ursprünglich aus Deutschland und lebte mit meiner Familie in Seoul, Südkorea. Wir sind im Sommer 2016 aufgrund der Arbeit meines Mannes dorthin gezogen. Zuvor lebten wir in Kuala Lumpur, Malaysia. Nun sind wir wieder in Deutschland. Für mich war es ein Segen, so viele Teile Asiens sehen zu können. Es hat meinen Horizont erweitert, und ich bin sicher, dass es auch meine künstlerische Arbeit beeinflusst hat.